G.1489
F.3.

# NOUVEAUX MEMOIRES

POUR SERVIR À

## L'HISTOIRE

DE NOTRE TEMS,

## TOME TROISIEME,

CONTENANT

LE POINT D'APPUI

ENTRE

## L'ANGLETERRE

ET

## LA HOLLANDE,

PAR RAPPORT

À LA

GUERRE PRESENTE.

À FRANCFORT ET LEIPZIG,

AUX DEPENS DE LA COMPAGNIE.

MDCCLIX.

# LE POINT D'APPUI

## ENTRE

# LA HOLLANDE

## ET

# L'ANGLETERRE,

### ET LA REPONSE

#### A LA

## FAMEUSE LETTRE DE LONDRES

du 5. Janvier 1759.

### AVEC L'EXPLICATION D'UN

## MONUMENT EMBLEMATIQUE

#### PORTANT LE TITRE

## MONUMENTUM MDCC LIX.

*Lond. apud Guill. Meyer.*

### FIGURE EN TAILLE DOUCE,

## *A ZWOL,*

### CHEZ CLEMENT,

A Amsterdam chez Tongerlo, Houttuyn, Magerus,
G. de Groot, & G. Boom, & dans les autres Villes
chez les Libraires où les Piéces du tems se
debitent ordinairement.

# LETTRE

Datée de *Londres* le 5. de Janvier
1759.

JE me flatte que la nouvelle que je
vous annonce aujourd'hui ne vous
sera pas désagréable ; le Roi vient
de donner les ordres pour faire relâcher, après l'examen ordinaire, Tous
les Vaisseaux venant de Surinam, des
Berbices & d'Issequebo, de même
que tous les autres qui seront trouvés
aussi clairs que ceux-là. Et les Propriétaires de ces Colonies peuvent être
persuadés, que toute la Nation Angloise verra avec un sensible plaisir
accroître leur Commerce & leur Navigation, & ne peut croire qu'ils ver-
ront de mauvais œil les efforts que
fait l'Angleterre pour diminuer la
trop grande supériorité des Isles Françoises. On se croit en droit pendant

la

la guerre, d'y travailler, & il faut nous pardonner un peu, si en poursuivant ce droit nous ne nous flattons pas de contenter tout le monde; l'appât d'un gain passager peut intéresser certains Particuliers ; mais il ne peut jamais être mis dans la balance vis-à-vis des véritables intérêts Nationaux. Je demande aux Propriétaires des Colonies Hollandoises, si leurs Succre, leur Caffé &c. leur ont raporté d'avantage depuis que certains Négocians se sont mêlés de raporter en Europe les produits des Colonies Françoises, qu'auparavant ? J'excepte le cas de la détention en Angleterre, qui n'est arrivée que cette année, & qui n'arrivera plus, si les deux Nations entendent assez leurs véritables intérêts pour ajuster leurs différends. Nous ôsons même mettre en axiome vis-à-vis les Personnes éclairées, s'il ne vaudroit pas mieux pour votre Païs, d'augmenter ses Plantations, & de profiter de cette occasion pour améliorer ses Colonies & les rendre égales, sinon supérieures, à celles de France, & même aux nôtres.



Je

Je ne sçais si les Facteurs des Colonies Françoises ont la même idée que moi de l'intérêt de la Patrie; mais je ne crains pas de leur disputer que le leur ne peut jamais être considéré comme tel; au reste, le Ministre du Roi en Hollande, est en état de démontrer que Sa Majesté desire ardemment de vivre en bonne intelligence avec la République, & de consentir à tout ce que les Juges non-prévenus trouveront compatible avec la sûreté & l'interêt de ses Royaumes. La parade de protection à donner au Commerce, ne changera rien aux sentimens de ce côté-ci; nous ne sommes point jaloux de la grandeur & de la force de nos Alliées; & si ces Alliés changent de conduite avec nous, ou se laissent prévenir par nos Ennemis communs, nous attendrons avec patience & avec fermeté qu'ils ouvrent les yeux; un nuage qui couvre la vérité pour un instant, se dissipe bientôt, & elle paroitra toujours avec éclat à la fin.

*Nos*

*Nos Gazettes vous annoncerent un Combat singulier, mais honorable pour le Capitaine Tyrrell du Buckingham, qui s'est donné entre lui & 3 Vaisseaux de guerre François. Ne trouvez pas mauvais, si j'ajoûte pour corroborer le raisonnement ci-dessus, que ces Vaisseaux François escortoient une Flotte Marchande Hollandoise allant de St. Eustache à la Martinique. Pourra-t'on trouver dans le Traité de 1674, que pareilles Escortes soyent permises réciproquement ? Enfin, nous sommes si persuadés de l'amitié & de la justice de la Nation Hollandoise en général, que nous ôsons nous en rapporter à sa bonnefoi, & à ses sentimens Patriotiques ; & quand une fois elle verra les choses comme elles sont, sans passer par les mains de gens qui ont un intérêt separé, & d'elle, & de nous, les affaires seront bientôt ajustées, & les deux Nations seront plus unies que jamais.*

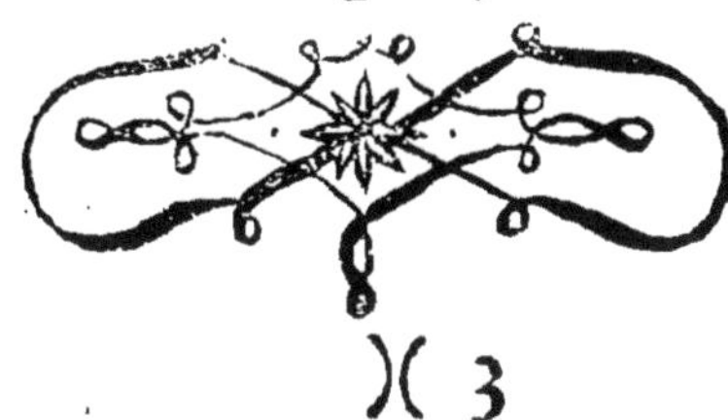



Tra

## Traduction de la Lettre d'un Negociant Hollandois, datée le 16. Janvier 1759. addressée à son Ami à Londres, & inférée dans la Gazette de la Ville d'Amsterdam du 18. du même mois.

### MONSIEUR!

Vôtre Nation ne cessera t'-elle pas de nous tourmenter? On ne se contente pas de continuer à nous causer un domage inexprimable, mais on y joint encore le mépris, les railleries, en un mot l'injure. Les Ministres de nôtre Ruine, les Apologistes de l'injustice, abusants de nos Gazettes y ont fait inserer une lettre, comme si elle étoit écrite de Londres du 5me du courant, mais qui selon toute vraisemblance est fabriquée dans ce païs-ci. Je vais vous en dire rondement mon sentiment:

Le contenu ridicule de la prétendue Lettre fait connoître d'abord, qu'elle est inventée pour seduire la populace imprudente. On divulgue, qu'elle étoit addressée à certain Ministre, & on y lit: *que le Ministre du Roi en Hollande est en état de démontrer &c.* C'est ainsi que les Auteurs

se

ſe découvrent eux - mêmes , en oubliant le perſonage qu'ils dévoient jouer ! Le Contenu même eſt extrêmement outrageant. Après avoir ruiné nôtre Commerce dans les Indes Occidentales , & même dans nos propres Colonies, on nous donne le conſeil *aigre doux* de cultiver nos Colonies & de ceſſer nôtre Navigation dans l'Amerique françoiſe, que nous avons démontré être libre ſuivant les Traités. Quel contraſte ? ceux, qui (quoique en guerre avec la France ) font commerce dans les Isles Françoiſes , ôſent nous conſeiller le nous deſiſter de ce Commerce ! Pourquoi ? Parcequ'ils nous envient ce Commerce. Nous connoiſſons bien nous - mêmes ce qui peut faire fleurir nos Colonies, ſans qu'il ſoit beſoin que les Anglois nous l'apprennent. Il ne leur importe en rien ſi nous avons plus ou moins de profit qu'auparavant au Sucre & au Caffé de nos Colonies, depuis que nous avons négocié aux Isles Françoiſes ; mais nous avons droit d'exiger, qu'ils ſuivent & rempliſſent les Traités qu'ils ont conclus avec nôtre Etat. S'ils ont des raiſons d'interêt, de jalouſie &c. *de réprimer la Puiſſance trop grande des Isles Françoiſes,* ils n'ont pas raiſon de faire cela à nos dépens, tant que nous nous conduiſons conformément aux Traités qui ſubſiſtent entre les deux Nations.

( 8 )

tions. Depuis le cas prétendu, où quelques uns de nos bâtimens allants de St. Euſtache à la Martinique, & ſe voyant menacés d'être inſultés par des pirates Anglois, ont profité de la protection de vaiſſeaux de guerre François, on nous demande d'une façon ironique, ſi nous trouverions dans le Traité de 1674. que de pareils Convois ſoyent permis de part & d'autre ? Mais nous pouvons avec plus de raiſon demander à ce faiſeur de demandes : eſt-ce faire route ſous le Convoi d'une Puiſſance que de chercher ſa ſeureté ſous ſon viole dans un cas preſſant ? Et ſuppoſé qu'il en fût ainſi, de ſemblables Convois ſont - ils défendus par le Traité de 1674. ou par quelque autre ? Non, aſſurément. Ils ſont donc permis, parcequ'ils ne ſont aucunement défendus. Les Anglois eux - mêmes en conviennent ouvertement, puiſqu'ils accordent leur propre Convoi à nos vaiſſeaux qui vont d'ici en Angleterre, chargés de marchandiſes que la France pourroit auſſi de traiter de Contrebande, ſi nôtre Etat avoit un Traité de Marine avec la France, pareil à celui de 1674. & ſi la France vouloit l'étendre arbitrairement juſqu'à nous défendre tout Commerce avec d'autres qu'avec elle, comme l'Angleterre ſe met ſur le Pied de le faire. Mais ſi nos vaiſſeaux

ôſent

ôfent aller à des places Angloifes fous le Convoi Anglois, pourquoi donc n'ofe- roient-ils pas auffi aller à des places Fran- çoifes fous le Convoi François? Ne fom- mes-nous pas parfaitement neutres à l'é- gard de ces deux Puiffances? L'écrivain de la Lettre en queftion infinue : *que le Roi avoit donné ordre de relâcher nos vaif- feaux de Suriname, Ifequebo, & Berbice, avec d'autres qui font auffi clairs.* Si cela fe faifoit en effèt, on pourroit nous faire accroire qu'on a un deffein réel de nous rendre juftice; mais on fait précifement le contraire, puisqu'on décharge encore ac- tuellement un ou plufieurs de nos vaif- feaux de Suriname qu'on a pris, & que plufieurs autres retournant de St. Eufta- che font confisqués fur le même piéd qu'auparavant. Mais pofé que l'ordre prétendu du Roi fût ferieufement vrai, on l'énerve en difant, *que le Rélachement ne fe fauroit faire, qu'après en avoir fait l'Examen ordinaire,* fans qu'on dife quand ni comment cet Examen fe fera, & fi pour cela il faudra des procès pareils à ceux, qui ont manqué à nous ruiner ci- dévant; Procès fans fin, & qui abforbent en fraix les charges des vaiffeaux. Ne nous écrit-on pas tous les jours de pofte, qu'après nombre de mois les *Lords des*

*Appels* n'ont pas encore voulu affigner un jour pour nous écouter fur les fentences données injuftement à nôtre préjudice, & dont nous avons *appellé*, quoique le Miniftère infinue à la Haye, que nous craignons *d'appeller*. Je ne dirai rien de la manière infultante dont on ôfe parler de la *Refolution d'augmenter nos forces fur mer*, je dirai feulement, que les Anglois paroiffent d'un côté craindre l'augmentation de nôtre Marine, & de l'autre la méprifer, comme fans force, par compa raifon de *la bonne paye & nourriture An-gloife* avec *la chetive nourriture & la paye abufive des Equipages Hollandois*, qui empêche qu'on ne puiffe avoir de bons fujets. Mais laiffons au Souverain le foin de fermer le bouche aux Ennemis de l'Etat, qui ôfent abufer de nos propres Gazettes. Je fuis avec toute le confideration poffible,

*Monfieur votre*

Juge-

## Jugement somminaire sur la fameuse *Lettre de Londres du 5. Janvier 1759.* & sur un MONUMENT *emblematique Anglois* qui vient de paroître.

Cette Lettre inserée avec affectation dans presque touttes les gazettes, est visiblement émanée de la même source que l'avis donné derniérement dans le Parlement : *de négocier avec la Hollande pour gagner du tems, & l'empêcher de se mettre en état de proteger efficacement sa Navigation, ou de tomber sur elle à l'improviste, & lui déclarer alors la Guerre* (1). On y voit d'un bout à l'autre la duplicité la plus palpable. La lettre du 5. courrant est une pièce sans aveu, par laquelle on prétend faire

---

(1) Dans le même tems on communiqua à la République la lettre suivante : „On travaille actuel-„lement aux Affaires des Hollandois, & York au-„ra incessament des Instructions nécessaires pour „régler un accomodemenr *à l'amiable* pour *finir* „avec la République. On *cherchera* les moyens de „reprimer les *insolences* des Armateurs. Je suis „votre bon Pere

GEORGE R.

faire accroire , que le Miniſtère Anglois eſt de bonnefoi dans le deſſein
de rendre , NB. *apres l'Examen ordinaire* , tous les vaiſſeaux venants de
Suriname , des Berbices , & d'Eſqui-
bo , de même que tous les autres ,
NB. *qui ſeront trouvés auſſi clairs que
ceux-là :* Quel verbiage captieux ! y
eſt-il queſtion du nombre presqu'in-
fini de priſes injuſtes qu'on a faites
ſur les Marchands Hollandois : On
affecte au contraire de diſtinguer du
Corps de la Nation , les Negociants
de la République qu'on ruine , tout
comme ſi les affronts & les torts faits
aux ſujets ne devoient pas intéreſſer le
Souverain.    Cela s'appelle vouloir
mettre la diviſion parmi les Hollandois
& les croire capables d'imiter les gre-
nouilles d'Eſope , que la diſcorde li-
vra à la guele de leur ennemi.    On
n'a plus lieu d'en douter , depuis
qu'on a vû paroître un MONU-
MENT érigé à la gloire de l'Angleterre ſous le Titre : MONUMEN-
TUM M DCC LIX. *Lond. apud
Guill. Meyer.*    Cette Eſtampe ſe
trouve

trouve jointe ici pour fervir à voir clairement le but Anglois. On y re- marque en bas le fondement de l'ef- perance de cette Nation ,

| RANARUM DISCORDIA, | LEONIS VINCULA. |
|---|---|
| *Un maarais & des Grenuilles divi- fées, qui fe laiffent gober tranquille- ment par un Oifeau vorace.* | *Un lion qui s'eft laiffé enveloper in- fenfiblement dans les filets que fon ennemi lui a tendu.* |

Sur ces deux Emblemes répofe l'or- dre de la jarretière étendu exceffive- ment, avec ces mots :

MVLIebrIs orDInIs CapaCitas.

C'eft un Chronogramme pour l'année préfente, comme fi en Angleterre on croyoit les Hollandois fi foibles & fi aveugles, qu'une femme fuffifoit pour les enchaîner dès cette année. Ce but même eft reprefenté dif- tinctement au milieu de ce Monu- ment emblematique. On y voit un Trone, occupé d'un côté par une Dame, qui panche fa tête & la repofe

fur

fur le fein du portrait du Roi. Elle prend en mains les chaines qui defcendent de ce portrait, & de celui qui eft à côté; elle les remet à fes Courtifans, qui les diftribuent au peuple au pied du Trône, lequel les reçoit avidement, au moyen des Ecrits & autres moyens de corrompre & d'aveugler, dont on les accompagne.

Cette même Dame paroît ne pas eftimer ceux, qui de l'autre côté du Trone font occupés autour d'un vieux Lion, que trois hommes couverts de leur chapeau s'efforcent d'aider à rélever fa pate, pendant que quatre autres à tête découverte, tâchent de lui mettre les chaines qu'on leur voit au col. Il paroît qu'on s'eft crû déja maître de la République au moyen des gens de guerre, que l'on voit au bas, comme deftinés à faire l'Enclos du tout.

Du côté du Trone où fe trouve la Dame & fes Courtifans, on voit la mer couverte de navires enchaînés & trainés vers l'Angleterre, dont on apperçoit

perçoit en perspective la Capitale. De l'autre côté de Trone paroit un Grand Seigneur en habit Espagnol, montrant à ceux qui sont occupés autour du Lion, l'ancien Embleme de la liberté.  Il semble leur dire : qu'ils ne sont plus ces Bataves, à qui les forces sur mer ont procuré la liberté, les Richesses & la Gloire.

Le tout est surmonté d'une paire de lunettes, dont l'une couvre l'Ocean & l'autre l'Europe ; comme si l'on croïoit les Hollandois déja si fort offusqués par les forces & conquêtes Anglo - Borussiennes, qu'ils ne pussent plus voir les choses que par ces lunettes : en un mot, on y paroît prétendre être en état de tirannifer les Hollandois jusqu'à les forcer de ne reconnoître d'autre Divinité où elle puisse mettre sa confiance, *Fide sed cui vide!* On pousse même le mépris, jusqu'à faire usage de la devise ancienne de la République : *Concordia res parvæ crescunt Discordia dilabuntur,* comme pour insulter à la discorde que l'Angle-

gleterre se glorifie d'avoir semé entre les diverses Provinces & les
habitans de la République. Il faut
en effet croire les Hollandois bien
aveuglés, ou denués absolument de
leur ancienne sagesse & intrépidité,
pour ôser faire imprimer dans leurs
propres Gazettes une lettre *aigre-
fine*, telle que celle qu'on a analysée
ci dessus.   Si la reponse qu'on y a
faite sous le nom d'un marchand
d'Amsterdam, ne suffit pas aux gens
de bon sens pour percer le voile dont
on tâche decouvrir les vuës Angloises, *le Point d'appui entre la Hollande
& l'Angleterre*, y suppléera.

MONVMENTVM. MDCCLXIX.
Concordia res parvæ crescunt
discordia dilabuntur
America
Oceanus
Europa
Asia
Africa
Desertum
London
Poenarum discordia
mirabilis Omnis
Leones vincula
LONDINI
apud G. Meyer
Felix quem faciunt aliena pericula cautum.

# POINT D'APPUI

ENTRE

## LA HOLLANDE

&

## L'ANGLETERRE,

ÉCLAIRCI PAR UN TABLEAU EN TAILLE DOUCE.

---

Quand le Roi d'Angleterre implora en 1747. la médiation des Puissances neutres ou amies de la France, pour obtenir la paix, il ne faut pas se persuader qu'on la desiroit sincérement à Londres; on cherchoit le repos, parce-qu'on n'étoit plus en état de supporter les fatigues; c'est-à-dire qu'on demandoit la paix, pour mettre ce calme à profit contre lui-même qui l'accordoit. C'est dans ces sentimens que les Ministres de la Cour de Londres signérent en 1748. le Traité de Paix d'Aix-la Chapelle, bien determinés à la rompre aussitôt que les forces de l'État le permettroient.

Les Hollandois, à qui on avoit donné du sein de Westminster un Stathouder qu'ils ne vouloient point, sont convaincûs par le passé, que le rétablissement de cette

*

digni-

dignité étoit un attentat à la liberté des Provinces-Unies, & que tôt-ou-tard il ufurperoit abfolument les prérogatives fâcrées de la République, & en feroient un Etat Monarchique ; conftitution que les Hollandois doivent craindre, moins par haine pour les Rois, que par amour pour leur patrie, qui ne fubfifteroit pas longtems, fi elle tomboit fous le pouvoir arbitraire d'un feul ; les Hollandois, gouvernés & vexés dans la derniere guerre par les Anglois, (pour qui ils avoient perdû leur Marine, devafté leur Etats, épuifé leurs finances, & vû tomber en ruines Berg-op-Zoom & quelques autres places, boulevards des Etats-Generaux) cette nation acceda à la paix de 1748. fans que l'Angleterre lui ait procuré aucune indemnité ; fon entremife froidement accordée pour le Traité de la barriere avec les Etats hereditaires de l'Imperatrice-Reine, fut le feul avantage que la Hollande retira des fervices importans qu'elle avoit rendûs à la Cour de Londres : deforte qu'on put dire alors avec verité, que les Hollandois durent plus de reconnoiffance aux François leurs Ennemis, qu'à l'Angleterre qu'ils avoient conftamment deffendûs.

On n'a qu'un projet à Londres : les deliberations du Parlement, les membres
qu'on

qu'on achete pour opiner en faveur des
deftructeurs de l'Europe, les Alliés qu'on
paye, tout fe borne à un feul objet, qui eft
le Defpotifme que les Anglois pretendent
s'arroger impunement fur la Mer.

Separés de l'Europe par cet element,
& livrés à un commerce qui ne les enri-
chiroit pas, s'ils ne parvenoient à le faire
à l'exclufion de leurs voifins, ils font d'autant plus à craindre pour ceux-ci, que par
la conftitution de l'Angleterre, fes habitans font pour ainfi dire forcé de rüiner la
Marine des Puiffances qui les environnent,
pour s'emparer de leur commerce. En effet la Grande-Bretagne ne pouroit jamais
foutenir les charges de l'Etat, & laiffer fortir tous les ans dans l'Electorat d'Hanovre,
des millions qui s'y engloutiffent, fi elle
fuivoit le droit des gens & les loix de l'honneur: incapable de moderer fes depenfes,
elle veut y fubvenir, & cet objet immenfe
ne peut être rempli que par des incurfions
odieufes ou des Pirateries dignes du même nom.

La France, dont la gloire eft intereffée
à maintenir les forces de fa Marine, eft une
Puiffance qui excite fur-tout la Jaloufie
des Anglois. Les fuccés variés de ces deux
ennemis, ne permettent point encore d'af-
feoir un jugement fur les fuittes de cette

* 2

guer-

guerre malheureuſe, mais la façon dont les Anglos l'ont commencée, ne donne pas une idée flateuſe de la pureté de leurs principes en matiere de droit public, & ce ſont ces procedés qui doivent inſpirer aux Hollandois des craintes qui ſe vérifieroient peut-être troptard,

En effet, l'impartialité avec laquelle je me pique d'ecrire, ne permet point que j'imite cesFrançois fanatiques,qui dans leurs conjectures hazardées annoncent la rüine totale de l'Angleterre; je me garderai bien auſſi de croire aux prédictions ridicules & exagerées de cette foule d'enthouſiaſtes, qui aſſurent que la ruine de la France ſera le fruit des conquêttes o'Angleterre: laiſſons le ſuccés incertain de la guerre Maritime à l'Arbitre des deſtinées, & raiſonnons ſans paſſion ſur l'Evenement quelqu'il puiſſe être.

Ou les Anglois ſeront victorieux ou vaincus; la Hollande dans l'un & l'autre cas, a tout à redouter d'eux: on connoit l'eſprit Anglois, auſſi dangereux dans la proſperité que dans le deſeſpoir.

Si les Anglois parviennent par la superiorité de leurs forces à maitriſer la France ſur la Mer; perſuadés alors plusque jamais que l'Empire de cet Element eſt-le patrimoine de la Grande-Bretagne, ils voudront l'etendre, & pour y reuſſir plus ſurement,

rement, ils attaqueront la Hollande : on aura beau mettre en avant le respect que l'on doit à la Neutralité ; les pretextes ne manquent point à la Cour de Londres, on voit même, depuis un an qu'elle affecte de ménager cette République , combien les Vaisseaux Hollandois ont eû à souffrir des insolences & des pirateries réiterées des Armateurs Anglois, soutenus tout bas à Londres , & desavoüées tout haut dans des lettres qui sont faittes pour en imposer aux hommes peû au fait du Gouvernement Britannique.

La Marine des Etats Generaux ne se trouvant point actuellement dans une situation assez brillante pour resister à des forces aussi formidables que celles de l'Angleterre, on a tout à craindre d'elle dans le cas supposé , & le Commerce de la Hollande essuyeroit des echecs dont la Nation se ressentiroit jusques dans les Indes : ce n'est pas d'aujourd'hui que les Anglois ont vû avec Jalousie Batavia entre les mains des Provinces - Unies. Vainqueurs sur le Continent, ils iroient bientot porter la Guerre & chercher de nouveaux succés dans une autre partie du monde.

En suivant l'hipothése que j'ai proposée plus haut, je veux que les François parviennent à mettre leur Mariné en état

* 3

de

de repouffer, je dis plus, de reduire les Anglois à les craindre & à les refpecter ; la Hollande n'a pas moins à redouter de l'Anglois vaincû. En effet, humilié par la France, c'eft fur les Hollandois qu'il cherchera à s'indemnifer de fes pertes, & il eft hors de doute qu'il y parviendra fans peine, fi leurs hautes Puiffances n'y remedient par une Augmentation prompte de Vaiffeaux & de troupes Navaïes, étayées par d'autres Puiffances.

L'Angleterre qui ne voit qu'avec peine le Neutralité fcrupuleufement obfervée par des voifins qui lui feroient utiles, fait les plus grands efforts auprès des Etats Generaux pour une augmentation de troupes par terre ; la Princeffe Gouvernante plus fidéle à la voix de la natura qu'à celle de la patrie, a appuyé avec force les infinuations du Roi fon Pere, qui ne follicite l'augmentation des troupes de terre que pour les faire fervir à l'avantage de la Grande - Bretagne, & point du tout à celui de la Hollande.

Si les Hollandois qui fecondent le parti de la Cour de Londres étoient de citoyens, tranchons le mot, difons de vrais *Hollandois*, infifteroient - ils avec tant d'ardeur à l'augmentation des troupes de terre, dont les levées font inutiles dans l'état actuel des chofes, & ne parleroient - ils pas avec bien plus de raifon d'un fuplément de forces

mari-

maritimes, objet important qui doit fixer
seul aujourd'hui l'attention des Provinces-
Unies.

Lever des Troupes par terre, c'est chercher des remedes pour un mal qu'on n'a
point, & c'est ne pas apperçevoir celui va
nous miner, que de negliger de mettre ses
forces navales en état de parer des dangers
qui ne sont que trop imminens.

Mais, diront les gens mal instruits ou
trop bien intentionnés en faveur de l'Angleterre, que peuvent servir à cette Puissance les nouvelles troupes que la Hollande
leveroit? on le dit avec confiance, parcequ'on le dit avec verité, l'augmentation de
troupes a deux objets dans l'esprit du Ministère Britannique: le premier, qui n'est que
trop demontré, regarde l'Alliance que la
Cour de Londres tente par toutes sortes
moyens licites & autres de contracter avec
leurs hautes Puissances; alliance dangereuse
que la Hollande ne recherchera plus, si elle
se rapelle tout cequi lui en a couté dans la
derniere guerre: le second objet roule sur
l'ombrage qu'une augmentation de troupes
par terre, donneroit necessairement à la
France dans un tems où les Hollandois sont
en pleine paix, & qu'ils n'ont qu'a se loüer de
la moderation passée & des attentions ac-
tuelles de cette Puissance. Les troupes de la



Répub-

République une fois augmentées, difent les Anglois, nous fommes furs des Hollandois; ou ils s'uniront volontairement à nous, ou la France les obligera de recourir à notre Alliance, & alors nous leur ferons païer cher la refiftance qu'ils ont affectée jusqu'icy; & maitres de donner des loix, nous leur impoferons telles conditions que nous jugerons à propos.

En effet le raifonnement des Anglois eft jufte, leur interêt particulier a droit de le faire penfer ainfi; mais la gloire de la Republique, le maintien de la tranquilité & la confervation précieufe de fa liberté, ne lui permettent point d'adopter un fiftéme dont l'exécution ne feroit utile qu'à l'Angleterre.

Ceux qui doutent encore que l'intention du Miniftère Britannique ( defefperant de s'allier à la République) foit d'animer la France contre elle, & de forcer la Cour de Verfailles à quitter cet efprit de moderation qui guide toutes fes demarches; ceux qui veulent ignorer la façon de penfer de la Cour de Londres, n'ont qu'à fe rapeller l'epoque du paffage du Rhin par le Prince Ferdinand de Brunfwick, la nuit du premier au deux Juin 1758.: cet Evenement montre à-decouvert les projets feditieux de l'Angleterre, & perfonne ne peut douter que le Prince Ferdinand, en paffant le Rhin près *du*

*Toll-*

*Tollbuis*, territoire des Etats Generaux, son idée étoit d'exciter la France à demander raison de ce violement de la neutralité jurée ?

Le Prince Ferdinand, dans sa lettre à la Princesse Gouvernante, a beau dire qu'il ignoroit qu'il fut sur le territoire de la Hollande, un guerrier tel que ce Prince est-il assez peû instruit du metier qu'il fait avec tant de distinction, & connoit-il si peû la carte pour ne pas savoir qu'il passoit le Rhin au même endroit où Loüis XIV. le traversa le douze Juin 1672. : anecdote trop fameuse dans l'histoire Militaire, pour être ignorée d'un Prince aussi eclairé que vaillant.

Le *Tollbuis*, ou en François *la Maison du Péage*, porte avec elle des Marques caractéristiques de sa dependance aux Etats Généraux, les Armes de la Republique avertissoient le Prince Ferdinand de l'attentat ; & s'il eût pû ne pas les apperçevoir, peut-on douter que les reçeveurs des droits ne lui eussent appris qu'il étoit sur le territoire de la Hollande.

Les vües des Ennemis de la Cour de Versailles, n'ayant pû reussir, puisque le Comte d'Affri en consequence des Ordres du Roi très-chretien, eût ordre de se contenter de l'assurance que les Provinces-Unies lui donnerent qu'elles n'avoient aucune part directe ni indirecte à l'attentat commis

* 5

par

par les Hanovriens ; cette affurance étoit d'autant moins fufpecte, que la partie la plus faine des Etats Generaux ne demande que la paix.

La moderation de la France ne découragea pas les Anglois, & leurs Partifans en Hollande, voyant que le Paffage du Rhin fur les Etats de la République, n'avoit pû aigrir la France, ils effayerent de tirer de cet evenement des Conjonctures qui puffent fervir à leurs deffeins pernicieux, & ils fonnerent le tocfin dans toutes les Provinces fous pretexte que les Hanovriens ayant violé la Neutralité au Tollhuis, pouroient bien ne point refpecter les autres Limites de leurs hautes Puiffances, & qu'il étoit de la dernière conf.quence de mettre fur pié un Armée en état de les contenir.

Quelques futiles que fuffent ces raifons, la Princeffe Gouvernante s'en montra affectée, & le fept du même mois, c'eft-à-dire cinq jours après le paffage du Rhin, elle convoqua une Affemblée, dans laquelle elle fit fentir dans des termes très patétiques & très Eloquens, la neceffité où les Etats Generaux étoient de pourvoir promtement à une augmentation indifpenfable de troupes de terre ; les vrais Républicanes virent bien que les raifons qu'on alléguoit, n'etoient pas plus fondées que les craintes qu'on affectoit, que tout fe bornoit à troubler le repos de la Re-

République en la forçant à en venir à ce suplement tant souhaité par la Cour de Londres.

Les Hollandois sont tranquilles, la guerre qui embrase l'Europe ne doit point les affecter; mais s'ils avoient un parti à prendre, ce seroit sans contredit de s'entendre & s'unir de Forces avec les autres Puissances neutres maritimes, pour mettre la Navigation en sûreté, par laquelle seule elle peut relever de ses pertes & rentrer dans le degré d'Honneur & de prospérité d'où les Anglois les ont debusqué par les guerres où il les ont entrainés, pour leur faire perdre de vuë le vrai Bien de la Patrie, la Force sur mer.

La sage Neutralité de la République, est le lien de la paix; si on le rompt, on doit s'attendre en Hollande à des maux bien plus affreux encore que ceux qu'on a essayés pendant la derniere guerre; Calamités rüineuses qu'on ne doit qu'à l'Alliance avec l'Angleterre, ainsi qu'on l'a remarqué au commencement de ce tableau.

En perdant de vue en Hollande le projet dispendieux & inutile d'une augmentation de Troupes par terre, il faut, comme on l'a deja dit, porter l'efficacité de ses soins sur la Marine; les injures qu'elle reçoit depuis dix-huit-mois des Armateurs Anglois, blessent sa dignité, & enhardissent

ceux

ceux qui ne rougiſſent point de paſſer **pour** les uſurpateurs de l'Empire des mers.

Les vrais Hollandois qui ne prononcent encore qu'avec Veneration les noms celebres des *Witt*, des *Ruyter*, des *Tromps*, des *Evertſen* &c., peuvent-ils voir ſans fremir, les chaines qu'on prépare à la Republique des Provinces-Unies, & les Flottes Hollandoiſes qui en impoſoient autrefois à l'injuſtice de leurs voiſins, ſeront-elles réduittes aujourd'hui à une inaction d'autant plus dangereuſe, que le ſalut des Etats Generaux depend aujourd'hui de leur Marine.

On ne pretend point dans cet écrit, dicté par verité, faire valoir les avantages que les Hollandois, avec des forces navales reſpectables, pouroient retirer d'un concert devenu neceſſaire avec d'autres Puiſſances qui ont un interet réel & urgent de s'oppoſer à la voracité Angloiſe; on écartera donc les motifs d'ambition, pour ne faire valoir que ceux qui intereſſent eſſentiellement le maintien du Commerce & la conſervation des poſſéſſions de la République.

Comme les raiſonnemens ne ſufiſent jamais avec les Eſprits prevenûs, on va detailler des faits, dont l'autenticité eſt connüe de toute l'Europe, & on verra par ce que l'Angleterre a fait autrefois, ceque la Hollande doit en craindre aujourd'hui.

Alliée

Alliée aussi dangereuse que si elle étoit ennemie, la Grande-Bretagne Alliée par besoin, sacrifie ses amis pour pouvoir obtenir à la paix des conditions plus favorables, en un mot elle ne regarde qu'elle dans les Conventions qu'elle fait, & on n'y trouve jamais que pour la forme ces clauses de reciprocité, dont le but est de concourir à l'avantage des parties contractantes, & surtout à l'Indemnité d'un Allié qui ne prend les armes que pour venger la querelle de son ami.

Un tel Allié ne convient point aux Etats Generaux. Lorsque la Reine Anne arme les Hollandois en faveur de l'Archi-Duc Charles, competiteur de Philippe V. au Trone d'Espagne, cette Princesse se servit de toutes leurs forces pour en venir à son objet; on fit la paix, & loin de demander des conditions avantageuses pour ses Alliés, elle dèclare *qu'elle ne souffriroit pas que les Provinces-Unies eussent Garnison conjointement avec elle dans Gibraltar & Port-Mahon, ni qu'elles partageassent l'Assiento, le Vaisseau de la Mer du Sud, ni rien de cequi seroit accordé par les Espagnols en faveur de la Grande-Bretagne;* c'est-à-dire qu'elle ne prit des Alliés que pour s'enrichir à leurs depens.

Les Hollandois que l'Angleterre sacrifia à Denain, ne furent pas plus menagés à
Utrecht,

Utrecht, l'orsqu'on y traita de la Paix en
1713. La Cour de Londres, qui voioit que
malgré le succès de la Journée dont on vient
de parler, elle avoit besoin de faire la paix,
donna la loi, & abandonna des Alliés qui
s'é toient sacrifiés pour elle.

L'Envie immoderée de dominer sur les
mers porte les Anglois à ne respecter ni le
droit des gens ni les Traités : tandis que
ses vaisseaux sans aucun motif raisonnable
insultent le Commerce des Etats Generaux dans les Indes, ils le menagent encore moins en Europe ; & tandis que Contre le Roi des Gens, le Ministre de la Cour
de Londres à la Haye declaroit *que le Roi
son Maitre ne permettroit point que les Vaisseaux Marchands Hollandois servissent à aucun commerce avec les Colonies Françoises en
Amérique*, dans le tems même qu'on fai-
soit cette declaration, les Anglois avoient
deja sous cet injuste pretexte enlevés les
batimens les plus riches de la République,
qu'on avoit transportés dans les ports de
l'Angleterre, où leurs charges avoient été
pillès.

Mais on demande au Ministére Britannique depuis quand une Puissance en s'abstenant de la contrebande & se conformant aux Traités, peut être arretée
dans la Navigation ? il est tres certain que les sujets
d'une Puissance Neutre peuvent fournir leurs Vaisseaux pour le transport de telles denrées ou Munitions
que ce puisse être, pourveû qu'ils ne les aient pas ven-
dües

dûes & qu'ils ne paſſent point ſur le territore du Souverain en guerre avec celui dont ils portent les effets.

On ne diſſimulera point icy, que la propoſition que je mets en avaut, ſouffre des difficultés dans l'Eſprit Général Nations, qui ſur cet objet comme ſur tant d'autres, conſultent plutôt leur interet que celui des loix, mais elle n'en eſt pas moins vraïe, & c'eſt même la veritéde principe qui conſtituë l'avantage le plus réel d'une Neutralité. En effet la paix dont les dominations neutres jouiſſent, leur deviendroit plus nuiſible que la guerre, ſi le liberté de leur Commerce étoit reſerrée dans les bornes étroites que le deſpotiſme Britannique veut impoſer à la Hollande. Que les Anglois fretent pour le Transport de leurs denrées des batimens Hollandois, tant que ceux-cy ſe conformeront aux loix ecrittes, la France ne pourra ſe ſaiſir de leurs Vaiſſeaux, parceque le Pavillon neutre doit toucurs être reſpecté aux conditions ſuppoſées plus haut.

Je demande à ceux qui ſoutiennent l'opinion contraire, ſi des puiſſances Neutres n'ont par le droit de transporter des vivres où elles veüllent, pour leur propre Compte! on ne peut repondre que non. Or de cet aveü forcé je tire une conſequence neceſſaire, & je dis, que qui peut le plus, peut le moins; s'il leur eſt permis de transporter leurs propres denrées où ils veüllent, ils peuvent à plus forte raiſon loüer leurs Batimens pour le transport de celles des autres: toujours avec la ſuppoſition qu'on obſervera les loix preſcrittes dans des cas pareils. Obſervez encore que pour ne point engager une diſputte, que beaucoup d'argumens pour & contre viendroient allonger, on n'entend parler icy que de ſubſtances conſomptibles, & on éloigne de cette liberté le transport d'Armes, poudres, & Convois de Troupes. Les Anglois n'ayant eü à reprocher aux ſujets de la République aucune contravention dans l'un de ces trois derniers cas, il s'enſuit que leurs priſes ſur les batimens Hollandois

landois ont été une violation ouverte du droit des gens, qui ne peut provenir que d'un deffein determiné d'infulter leurs hautes Puiffances; excés attentatoires qu'on portera plus loin encore, fi la fageffe des Provinces - Unies n'y remedie, en mettant enfin fa Marine fur un pied refpectable, telle qu'on la vit autrefois.

Il eft même certain que fi les Hollandois tardoient à exécuter un projet auffi indifpenfable, ils risqueroient de perdre les poffeffions qu'ils ont, foit dans ce Continent foit dans les autres parties de l'Europe. L'Angleterre, toujours ambitieufe, & par - là - même injufte, ne menage rien; & dès qu'elle croit avoir acquis un degré de fuperiorité affez fort fur fes voifins, elle les attaque infolemment.

Envain le Miniftre Britannique à la Haye annonce qu'on va punir les Armateurs Anglois qui ont offenfé le Pavillon de la Republique, ce font des detours imaginés pour confoler les foibles, & diftraire les autres d'un deffein qui auroit deja dû être mis en exécution; les Prifes réiterées que les Anglois font fur les fujets de la République la mettront bientôt dans le cas de ne plus avoir de Batimens, & par confequent plus de Commerce.

Voilà le véritable point de vüe, fous lequel les vrais Hollandois doivent examiner les chofes; quels reproches les Etats - Generaux n'auront - ils pas à fe faire, fi ces malheurs ne font pas prévenus par les plus puiffants Efforts? Ce moment approche, & on ne peut douter, que fi on refufe de foufcrire à l'Augmentation des Troupes par terre tant defirée par les Anglois, cette Nation imperieufe, voyant qu'elle n'a plus rien à efperer de la Hollande; fera fes derniers efforts pour perdre la République; la pofition Actuelle des chofes, favorifera fes mauvaifes intentions, fi la Hollande plus fage, & plus fidelle aux traités & aux loix de l'honneur que Cartage, ne fuit l'Exemple du fage Athenien & de l'intrépide Romain!

# SUITE
## DU
# POINT D'APPUI,
### DE LA
# HOLLANDE,
### OU
## REMARQUE D'UN HOLLANDOIS
### SUR LE SISTEME SECRET
### DE LA
# GRANDE BRETAGNE
### DANS LA GUERRE PRESENTE.

---

Des gens qui se croyent au fait de la Politique ont rémarqué, qu'entre les spéculatifs les plus consommés il y a encore une très grande difference d'idées au sujet de sistêmes sécrets de la Grande Brétagne ; cette diversité de sentimens s'étend sur les articles suivans :

1) Sur les Intentions que la Cour de Londres manifeste par les descentes de ses troupes sur les Côtes Françoises.

2) Sur les Raisons pour lesquelles l'Angleterre n'envoit pas de plus grandes for-

**

ces

ces en Allemagne, pour dégager l'Electorat d'Hanovre.

3) Pour quelles Raisons des flottes si
puissantes ne font pas des Expeditions plus
importantes, & pourquoi elles restent,
selon l'apparence, si oisives ?

4) Sur ce qui porte l'Angleterre à tenir une si grande force par terre sur pied
au dedans de son Royaume.

A l'egard du premier article, on en
parle si differemment, que les Politiques
les plus subtils ne savent à quoi s'en tenir ;
ils avouent unanimement avec le Public,
que la Grande Bretagne tache par ses fré-
quentes descentes en France, de tenir les
troupes de cette Puissance en mouvement
& continuellement partagées, pour que cela
cause une assez grande inquiétude à cette
couronne pour l'obliger à n'avoir soin que
de ses propres Etats, sans donner tant d'attention à ceux de ses alliés ; que la France
soit empechée par ces entreprises sur ses Côtes, de faire avancer de plus grandes forces vers le Bas-Rhin, qu'elle n'ose son-
ger à une descente en Angleterre, & que
par la vigilance des Flottes Angloises elle
perde de vûe le soin de sa propre Marine.

J'avoue que toutes ces rémarques sont
assez bien fondées, & assez naturelles à
comprendre, à juger des vûes d'une Cour

par

par les apparences. L'Angleterre tient
certainement les Forces de la France affez
partagées par fes defcentes, ce qui engage
fans doute la Cour de Verfailles à ne pas
faire de plus grands efforts au Bas-Rhin;
puisque, ne fachant où dans la fuite les
Anglois voudroient mettre pied à terre,
elle eft obligée à tenir toutes fes Côtes en
état de défenfe par fes trouppes; outre
cela, la France refte hors d'état par ces
defcentes, de pouvoir mettre une flotte de-
fenfive en mer, fans parler d'une offen-
five: tellement, que les Anglois n'ont pas
le moindre fujet d'apprehender une entreprife françoife fur leur Royaume. Le dé-
gat de leurs ports, la deftruction des Navires des François, la dévaftation que les
Anglois on faite fur les Côtes de la France,
mettent cette Puiffance encore plus hors
d'état, de former aucun deffein contre
la Grande Bretagne, ni aucune entreprife, dont elle pourroit fe promettre un
heureux fuccès.

Il eft vrai, que l'Angleterre ne gagne
pas beaucoup de terrein par fes defcentes,
& que, quoique cette Couronne foutienne
fes entreprifes contre la France, par un affez grand Corps de trouppes, elle ne peut
pas toujours jouir de l'Effet de leur Progrès, à caufe des difficultés de fécourir fuf-

 fifamfiſamment le corps deſcendu , parceque cela diviſeroit trop les forces d'Angleterre, outre que la vigoureuſe Réſiſtence des Fran-çois ne permettroit pas de ſe ſoutenir juſ-qu'à l'arrivée du ſécours , dans les places dont on ſe feroit rendu maitre à la deſ-cente. Le vrai ſiſteme ſecret de la Gran-de Bretagne n'eſt donc pas dans ces deſ-centes; les moins experts en politique ſau-ront bien juger, que les Anglois ne trou-veront pas un auſſi grand parti en France, que les François ſe peuvent flatter de le trouver en Angleterre : il eſt neanmoins certain , que ces deſcentes des Anglois ſur les Côtes françoiſes leur ſont d'un avan-tage beaucoup plus grand, que quelques politiques ſuperficiels ne ſe l'imaginent peut - être.

Prémierement, l'Angleterre ſe procu-re par ce moyen une libre Navigation, & ſe rend aſſez abſolüe ſur la mer, pour pou-voir executer ſes projets ſans oppoſition, en ecartant les forces maritimes de la Fran-ce. La Conquette de Cap-Breton le prou-vera aſſez clairement. En ſecond lieu, elle oblige par là, la France, à ſe tenir avec ſes forces en garde ſur ſes Côtes & à portée de défendre ſes ports , afin qu'elle même puiſſe faire réuſſir plus aiſement ſes projets ſecrets. Les plaintes de la Nation

fran-

françoife fur le mauvais état de fes flottes, la dévaftation de fes ports, la ruine de fa Marine, la perte des principales & plus importantes Colonies en Amerique, le facrifice des meilleures trouppes, pour le vain démêlé & l'interet d'une affaire auxiliaire, qu'elle foutient à fes dépens; & tant d'autres inconveniens, font autant d'avantages pour la Grande Bretagne, qui acquiert, par là, les avantages confiderables d'une Marine non interrompue, en quoi confifte la principale force d'une Puiffance maritime; s'il n'étoit pas vrai que l'Angleterre cherche à fe procurer une navigation libre & feure; fi elle n'afpiroit pas, à être defpotique par mer, par fes entreprifes fur la France, on diroit avec affeurence, que les avantages ne fauroient être fi importants, que les Anglois le font accroire; & ils ne réitereroient pas leurs entreprifes avec tant de vigueur & de depenfes.

Non obftant cela, bien des habiles Politiques ont été furpris de ce que ces expeditions Angloifes fe font faites avec fi peu d'éffet, vû les nouvelles bruyantes qu'on divulgua de l'equippement d'une flotte incomparable, pour faire une entreprife des plus importantes, qui meriteroit l'attention du monde; & que pourtant cette



entre-

entreprise merveilleuse se réduisit à une simple descente sur une des Côtes françoises, à l'endomagement de quelques terres & navires, & puis, à se rembarquer & retourner en Angleterre. Mais qui ne rémarquera pas, que cette Nation avoit en même tems un autre projet en vûë, qui viendroit à éclater dans une autre partie, dans le tems que l'attention des François seroit fixée du Coté de leur expedition chimerique. La Politique Angloise est parvenue dans nôtre siécle à un tel dégré de perfection, que tout maitre en politique, le plus consommé, trouve au dessus des forces de son Esprit, de pouvoir decider du véritable Sisteme sécret de cette couronne. Il semble même que la sagacité, l'Esprit vif & pénetrant des François, baisse pavillon devant lui. Il faut rémarquer aussi, que quelques mauvais succès qu'aïent les descentes des Anglois sur les Côtes des France, la perte n'est rien, contre l'avantage caché que l'Angleterre retire de ces expeditions; & que ce n'est pas uniquement pour humilier la France, mais qu'elle reprime aussi d'autres Puissances, que l'Angleterre, quoiqu'elle ne soit pas en guerre ouverte avec elles, croit néanmoins contraires à son Intérêt; par une politique sécrete elle renverse leurs

desseins

deſſeins nuiſibles & à l'Empire maritime de la Grande Bretagne.

Le IIᵐᵉ Article, touchant „ les Raiſons, „ pour lesquelles l'Angleterre n'envoit pas „ de plus grandes forces en Allemagne „ pour dégager l'Electorat d'Hanovre, „ donne bien matière à des Raiſonnemens; „ mais ceux qui ſont plus au fait, n'y font „ pas attention. Le Public dit que l'in- „ terêt de l'Angleterre & celui de l'Elec- „ torat d'Hanovre eſt une même choſe; „ & que la Régence d'Angleterre doit „ veiller ſur le bien de ces Etats auſſi bien, „ que ſur celui de l'Empire de la Grande „ Bretagne même. “ Mais ſur quoi ſe fonde ce ſentiment? ſans doute ſur cet Ar- gument: que le Roi d'Angleterre eſt en même tems Electeur d'Hanovre; ainſi deux Souverains ſont réunis dans une mê- me Perſonne. Mais s'enſuit-il delà, que la Régence d'Angleterre devoit prendre à cœur cette affaire, autant que l'Interêt de la Grande Bretagne même? Et ne ſait-on pas, jusqu'où va l'autorité d'un Roi d'An- gleterre? Le peuple ignorant raiſonne lé- gerement ſur des choſes de cette nature. La Preuve eſt claire, que la Régence d'Ha- novre n'eſt pas la Regence d'Angleterre, & que la Régence d'Angleterre n'eſt pas celle d'Hanovre. Mais en établiſſant que

 l'In-

l'Interêt de la maiſon Electorale d'Hanovre touche d'auſſi - près la Regence d'Angleterre, que celui de la Grande Bretagne ;
&, ſi l'on veut, qu'elles operent conjointement en tout ce qui régarde la ſeureté
de l'Electorat d'Hanovre, il faudroit rémarquer néanmoins, que Hanovre a ſa Régence & ſa milice ſeparées, bienque cette
milice ne ſoit pas auſſi nombreuſe que
celle d'Angleterre, pour former une Puiſſance offenſive, mais pour agir defenſive-
ment, ſuivant les Loix & le Siſtême de
l'Empire.

La force militaire de l'Electorat d'Hanovre ne doit être régardée, que comme
dependente de l'Empire Germanique, pour
aider à en ſoutenir les Loix, les Droits &
les Privileges des Co-Etats, pour conſer-
ver toujours le Répos & la paix en Allemagne par ce moyen, & pour empécher
toute invaſion de trouppes étrangéres
dans ſon ſein.

Telle eſt la Puiſſance d'un Electorat &
ſon Interêt : ſes trouppes ne montent qu'à
un certain nombre, qu'il lui faut livrer par
contingent, pour aider à former une Armée
de l'Empire. Mais cette forme de Con-
ſtitution étant derangée, & le Siſtême du
Corps Germanique etant interverti par les
troubles préſents, l'Electorat d'Hanovre

ſe

se voit par necessité dans le cas d'une Puissance absolue, qui assurement ne peut pourtant pas suffire, pour faire tête à une Armée aussi nombreuse que celle que la France y a fait entrer.

Mais l'interêt & la defence de la maison Electorale d'Hanovre, étant dévenu
une affaire separée & particulière, pourquoi donc ne pas envoïer un plus grand
nombre de trouppes d'Angleterre pour
rendre cette Armée superieure ?  „ Car
„ dit-on , a-t-on pu trouver nécessaire
„ d'envoïer un Corps de Trouppes An-
„ gloises en Allemagne, le danger n'est
„ pas encore passé, la même necessité est
„ encore d'y envoïer plus de trouppes,
„ d'autant plus, qu'on trouve que ce sé-
„ cours n'a pas eu l'Effet que l'on en es-
„ peroit, & que la force ennemie est
„ trop nombreuse, pour la réprimer. "
Mais le moyen de répousser la force énne-
mie sans embarquer un nouveau renfort
de Trouppes Angloises pour l'Allemagne ?
Car nous démontrerons sur le champ, que
ce n'est pas l'interêt de l'Angleterre d'y envoyer un plus nombreux secours.  C'est
en cela que consiste proprement le Sistème
secret de la Grande Brétagne , dont nous
parlerons, & ce sont ces descentes susmen-
tionnées, qui obligent la France de réti-
* * ς

rer

rer une partie de ſes trouppes du Bas-Rhin pour ſécourir ſes propres Etats & les couvrir contre une ſurpriſe du coté de l'Angleterre, parceque les troubles interieurs exige le Rétour accéléré des Trouppes Françoiſes.

On demandera peut-être ici: „pour„quoi l'Angleterre ne machine-t-elle pas „une Expedition ſur les Villes de Nieu„port, Oſtende ou Dunkerque, de la „Conquette desquelles elle auroit plus „d'avantage que de toutes les autres en„ſemble, & ſe fraïeroit un chemin pour „s'y ſoutenir?“ J'en tombe d'accord, ſi l'Angleterre étoit ſeure de réuſſir; car il faut encore rémarquer: que les villes maritimes en queſtion, ſont dans un tel état de defence, qu'il en couteroit bien du ſang & de l'argent, pour mener cette entrepriſe à une bonne fin, parceque une telle expedition feroit fondre conſiderablement les forces maritimes de Londres, & en cas d'un malheureux accident elle pourroit entierement les ruiner.

Ne ſeroit-ce pas beaucoup plus l'interêt de l'Angleterre d'emploïer un moyen politique, pour parvenir à ce but ſans perdre du ſang & de l'argent? Qui eſt ce qui doute, que le ſort de la guerre ne ſoit changeant! Qui ne prevoit pas, que, par une politi-

que

que bien fine, la Cour Ottomanne ne puisse être attirée dans l'interêt de la Grande Bretagne? que par un tel changement des affaires, l'Empire Turc pourroit rompre avec la Russie, & sa Majesté Prussienne se voyant par celà les mains libres, pour soutenir l'Armée Hanovrienne en qualité d'Electeur de Brandenbourg, ces deux Electeurs unis seroient alors en état de faire agir leur Armée combinée, selon les Loix de l'Empire, pour purger l'Allemagne des Trouppes étrangéres?

Nous nous étions proposés de faire voir: *que ce n'est pas l'interêt de l'Angleterre, d'envoïer un sécours plus nombreux de Trouppes en Allemagne.* Il faut que cela soit démontré. Nous le férons, & sans toucher la Rélation que la maison d'Hanovre peut avoir avec celle de la Grande Bretagne. Il est seur, & ne sauroit être contesté, que les forces par terre d'Angleterre sont presentement sur un pied plus considerable, qu'elle n'ont jamais été; mais il faut que nous démandions: Si l'Angleterre venoit à augmenter le nombre de Trouppes Angloises en Allemagne jusqu'à 30000. hommes, (posé le cas, que ce nombre soit suffisant pour pouvoir agir aussitot offensivement) que resteroit-il donc en Angleterre pour la defence & la seureté des trois

Royau-

Royaumes? Il faut *en premier lieu* un nombre suffisant de trouppes pour couvrir les Côtes les plus exposées à une surprise ennemie; *en second lieu*, un Corps considerable pour soutenir, à la Longue, l'expedition contre la France; & *en troisième lieu*, un certain nombre de trouppes, pour pouvoir de tems en tems renforcer les Colonies en Amerique & dans les Indes Occidentales, qui en ont le plus besoin. Comme touttes les forces Angloises par terre se montent peut-être à peine à ce nombre marqué ci dessus, Londres ne sauroit se dénuer de milice ayant besoin d'un Corps considerable dans les trois Royaumes; outre que la Grande Bretagne ne peut pas jouir d'un avantage essentiel de l'envoi des trouppes en Allemagne, parceque l'interêt de la maison d'Hanovre ne peut pas être preferé à celui d'Angleterre, pour exposer les trois Royaumes à un danger evident, en les mettant à découvert : on ne sait que trop, qu'il y a encore des partis en Angleterre, & quantité d'adherens du Prétendent, qui profiteroient de la faveur des circonstances pour donner occasion aux François de faire une descente dans un de ces trois Royaumes. Mais laissons cela en son lieu.

Nous trouvons à découvert dans le III. Article de nôtre objèt, *les Raisons du*

*peu*

*peu de progrés des puissantes Flottes An-
gloises.* On est étonné que des flottes aussi
considerables, que celles que la Couronne
d'Angleterre a armées, restent si inactives !
Mais pour peu qu'on entre dans le fisteme
sécret de la Grande Bretagne, on en comprendra les Raisons. Si c'est dans le grand
nombre des vaisseaux de guerre que con-
sistent les forces maritimes, j'avoue que
l'Angleterre surpasseroit de beaucoup la
France ou quelque autre Puissance, & qu'elle auroit bientot annéanti la marine françoise, ou du moins elle la serreroit de
si près, que l'on ne verroit plus en mer
de vaisseaux de cette nation pendant toute
cette guerre ; mais ce n'est pas dans la
pluralité des vaisseaux de guerre que con-
sistent les forces. L'Angleterre a toujours
bésoin de 30. à 40. Vaisseaux de guerre,
pour assurer son Commerce ; vû qu'elle est
obligée de tenir de fortes Escadres sur la
mer mediterranée, en Amerique & dans
les Indes Occidentales, si elle ne veut pas
laisser entierement dechoir ses Colonies.
Outre ces flottes il lui faut encore beaucoup
de vaisseaux de Guerre pour couvrir ses
propres côtes, de l'Ecosse, de l'Irlande, &
pour assurer les ports seuls du Royaume
d'Angleterre il faut une flotte très considerable.

Le

Le grand dé nombre des vaiſſeaux de guerre, ne rend donc pas plus grandes les forces maritimes des Anglois que celles de la France; car mettez à part ceux dont on vient de parler, combien en reſtera-t-il à l'Angleterre pour faire des entrepriſes?

On ne doit pas dire, que les vaiſſeaux de guerre qui gardent les côtes d'Angleterre ſoyent dans l'inaction, ni ceux qui croiſent en Amerique, aux Indes Occidentales, & dans la Méditerranée, ni ceux qui aſſeurent leur commerce. On ne peut donc pas dire, que l'Angleterre avoit de ſi puiſſantes flottes, ſans en tirer parti; je dis, au contraire, que la marine Angloiſe eſt aſſez agiſſante, pour ſe promettre des avantages réels à meſure de la quantité de Vaiſſeaux qu'elle eſt obligée d'employer pour maintenir ſes poſſeſſions. Celle de l'Isle Cap-Breton ſeule, vaut autant aux Anglois, que toutes les Conquettes qu'ils pourroient faire pendant cette guerre ſur leurs ennemis.

De plus, les vaiſſeaux de guerre qui compoſent la flotte d'expedition, ſont-ils inactifs? non, certainement! Et les vaiſſeaux qui tiennent bloqués les port de mer de la France, ne ſont-ils rien? Ah oui! car ils empêchent les flottes Françoiſes de

ſortir,

fortir; ce qui eft caufe, que cette Puiffance ne peut pas envoïer plus de renfort en
Amerique.    „ Mais dira-t-on peut-être:
„ Si la Marine de la France eft fi bridée,
„ qu'à peine il ofe paroitre un vaiffeau de
„ guerre, encore moins une flotte de cette
„ Puiffance en mer, pourquoi les Anglois
„ font-ils donc dans une peur fi grande
„ pour leurs païs, qu'ils tiennent dans l'in-
„ action un grand nombre de vaiffeaux,
„ qui ne font occupes qu'à garder leurs Cô-
„ tes? Pourquoi ne pas en former une
„ flotte, & tacher de réconquerir l'Isle de
„ Minorque, ou entreprendre quelque au-
„ tre Expedition importante contre les
„ Etats ou Colonies de la France, dont
„ ils retireroient un avantage réel & du-
„ rable? "

Cela eft bien penfé, & peut fe dire
dans le cas où il n'y auroit plus aucun vaiffeau de guerre François au monde, ou que
toutte la force maritime de la France feroit
hors d'état de fe défendre ; mais le contraire étant connu , & fes forces maritimes, quoique pas comparables à celles
d'Angleterre, étant pourtant affez actives,
pour profiter de la négligence des Anglois,
il faut que nous tenions pour certain, qu'il
n'eft pas de l'interêt de l'Angleterre , de
dégarnir fes côtes de vaiffeaux de guerre;

qui

qui font auſſi néceſſaires à la Grande Bretagne, que les fortifications à une ville
expoſée à l'attaque de l'ennemi. Le Siſteme ſécret de l'Angleterre ſe borne à une aſ-
ſurance du Répos de ſes propres Etâts, de
ſes Colonies, de ſa Navigation & de ſon
Commerce : quand ceux-ci ſont aſſurés,
cette Puiſſance peut emploïer le Reſte de
ſes forces navales ſelon l'occaſion & le tems
qu'elles croit propres à favoriſer ſes deſſeins politiques.

Pour ce qui eſt du IV^me & dernier Article de nos Rémarques ; on demande :
„ Quels ſont les motifs, pour lesquels
„ l'Angleterre tient une ſi grande force par
„ terre ſur pied, au dédans de ſon Royau-
„ me ? “ Car on s'imaginera peut-être,
que parceque les vaiſſeaux de guerre ſer-
vent de fortereſſes à la Grande Bretagne,
il eſt ſuperſlu de tenir de ſi grandes forces
par terre ſur pied, qui apparament ne ſer-
vent de rien ? Il-eſt vrai, la milice d'Angleterre eſt réellement ſur un grand Pied,
mais cela ne prouve pas qu'elle eſt ſuper-
flue. L'envoi continuel de nouvelles Trouppes aux Indes Occidentales & en Amerique; les garniſons des Conquettes que fait
l'Angleterre, le ſecours envoié en Allemagne, & le nombre de Trouppes em-
ploiées ſur la flotte d'Expedition, dimi-
nuent

nuent continuellement la milice d'Angleterre.

Voilà ce qui devroit engager la Couronne de la Grande Bretagne à ne pas
réduire ſes forces par terre, pour dans le
cas d'un echec pouvoir réparer ſes pertes.
Il faut remarquer, que ſi les forces militaires des Anglois ſont réduites, il n'eſt pas
facile de trouver des moyens prompts d'en
ramaſſer, ſur-tout s'il falloit lever un Renfort après une perte qu'on auroit ſoufferte.
L'Angleterre comprend fort bien, que
dans ces tems il eſt très-néceſſaire pour
ſa ſûreté, d'uſer de précaution : que cin-
quante ou ſoixante mille hommes de
Troupes reglées dans les trois Royaumes
de la Grande Bretagne ſont utiles, pour
qu'elle ne ſoit pas comme dans les tems
paſſés, la victime de ſes ennemis, &
qu'elle ne voye point transporter la guerre dans ſon Empire. Le Repos qui re-
gne à-préſent dans la Grande Bretagne,
n'eſt pas peu avantageux à ſes habitans,
il fait fleurir le Commerce, & ſon bon-
heur augmente beaucoup les finances de
l'Etat. Tel eſt le Siſteme ſecret de la
Grande Bretagne : cette Puiſſance, par
ſes deſcentes en France, jettant l'allarme
dans cette Monarchie l'occupe pour ſes
propres Etats, & empêche les progrès

*** rapi-

rapides de fon Armée en Allemagne, ainſi elle ne peut agir que défenſivement: par ce moyen l'Armée Hanovrienne eſt en état de faire echouer elle feule les deſſeins de ſes ennemis, fans affoiblir les forces Angloiſes; la force maritime d'Angleterre, en tenant en bride celle de France, ſe prépare pour les tems à venir une navigation & un Commerce libre dans les Indes Occidentales, & elle pourá toujours par de puiſſants Renforts en Trouppes & en munitions, s'oppoſer à tous les progrès de ſes ennemis dans ces Contrées, pendant que le Royaume de lá Grande Bretagne eſt aſſûré & défendu par des flottes formidables contre toute ſurpriſe ou Invaſion, & qu'au dedans du Royaume une milice bien reglée eſt toujours prête à agir avec vigueur, en cas que l'occaſion le demande pour détourner quelque danger.

C'eſt dans ces vûes que conſiſte le Siſteme ſecret de la Monarchie de la Grande Bretagne, & non pas dans celles qu'on lúi préte, lorsqu'on dit qu'elle agiſſoit „ contre ſon Intérêt en France, que ces „ entrepriſes epuiſoient conſidérablement „ ſes finances; que c'étoit une vaine eſpé-„ rance que de ſe flatter, de tirer un avan-„ tage réel de ces deſcentes: que la Re-„ gence

„ gence d'Angleterre avoit tort de ne
„ vouloir pas confentir à envoyer un nom-
„ breux fecours à Hanovre; que la Fran-
„ ce prenant le deffus en Allemagne
„ pourroit un jour changer de deffein, &
„ faire à fon tour une defcente dans un des
„ trois Royaumes avec une flotte combi-
„ née de Ruffes & de Suedois; que les flot-
„ tes d'Angleterre étoient dans l'inaction
„ parcequ'elle ne pouvoit pas fuffifa-
„ ment les équiper; & enfin, que les gran-
„ des forces par terre dans le cœur du
„ Royaume d'Angleterre avoient pour ob-
„ jet d'empêcher une guerre inteftine qui
„ pourroit une jour être tramée par les
„ pratiques rufées de la France. "

Tous ces propos ne font que des ima-
ginations & des chimères de gens mal inftruits; elle s'evanouiffent d'elles-mêmes,
dès que l'événement n'y répond pas.
Ce que nous avons remarqué ici, touchant le Sifteme politique d'Angleterre,
s'accorde avec la Raifon, & fe fonde fur
des Idées juftes: on n'a qu'à faire Réfle-
xion fur les Qualités particulières de nos
quatre Articles propofés, où fe réunit le
Sifteme fécret de la Grande Bretagne; il
fe prouve par l'expérience journaliere du
vigoureux armement d'Angleterre, & dé-
truit inconteftablement les raifonnements


cap-

captieux de gens mal inftruits de la Politi-que de la Grande Bretagne.

Finiffons, en avouant que, quelque peu victorieufes que foient les Entreprifes des Anglois fur les Côtes de France, ils tiennent néanmoins en bride l'activité des Troupes Françoifes par terre: que la Cour d'Angleterre n'envoit pas plus de Troupes en Allemagne, pour n'en pas at-tirer un plus grand nombre des autres Puif-fances dans l'Electorat d'Hanovre, ce qui pouroit ruiner entièrement ce païs : que l'inaction apparente des flottes de la Grande Bretagne fait plus refpecter cette Puiffan-ce: & enfin, qu'une milice confidérable & bien exercée au dedans du Royaume af-feure à cette Couronne la poffeffion de fes Etats & païs en général , & qu'elle peut prévenir par ce moyen tous les dangers qui la menacent. Il fuit de tout cela, au furplus, que les Hollandois ne peuvent & ne doivent hazarder une levée de bouclier contre elle , à moins d'être étayés folide-ment par d'autres Puiffances.

S E-

# SECONDE SUITE
## DU
# POINT D'APPUI,
### ENTRE
# LA HOLLANDE
### ET
# L'ANGLETERRE;
### OU
*Lettre écrite d'Amsterdam à un Ami à Rotterdam,*
### SUR LE VERITABLE DESSEIN
### DE LA
# GRANDE BRETAGNE.

La perte que vous & vos concitoyens ont souffert par les Pirates Anglois, me touche autant que celle que nous autres d'Amsterdam avons essuyée. Helas! Fidélité, équité, Alliance, amitié, promesse, bonne-foi, qui de tout tems ont été etayées sur de foibles fondements, sont maintenant renversés! Qu'est-ce que nous deviendrons? Quelle disgrace nous attend encore? Il paroît que les explications arbitraires & fausses des mots sont généralement de mode: Ah! je crains pour ce mot de *Liberté*.

Vous souhaitez savoir de moi les vrayes vûes des Anglois, sur ce qu'ils pillent,

 mal-

maltraitent & confisquent nos vaisseaux, in-
distinctement, malgré les Alliances les plus
sacrées que nous avons faites avec eux.
Vous me demandez beaucoup Mr. en vérité.
L'Europe étonnée : dites - vous, par les
violences enormes, & sensible au mépris
honteux & outrageant, avec lequel les
Anglois empêchent notre Commerce,
quoique fondé sur le Droit des Gens &
sur la foi des Traités les plus solemnels, &
le ruinent totalement pour s'en emparer
seuls, nous accuse de lâcheté.

Vous savez que le Parti Anglois a pris
un tel ascendant dans la République, que les
Provinces fideles à la Patrie ont eu trop de
peine à s'opposer à l'augmentation par terre,
pour avoir pû effectuer celle par Mer, &
mettre fin aux pirateries Angloises.

Que ne sommes nous pas tous d'un même sentiment ! nous aurions mis il y a long-
tems des bornes à leurs mauvais desseins.
Les moyens qu'il faudroit mettre en œuvre
pour y réussir sont communs, quoique in-
connus à beaucoup de monde.

Plusieurs de nos Compatriotes s'imaginent connoître les moyens de pourvoir à la
conservation de notre précieuse Liberté eu
egard au Commerce & à la Navigation;
mais Monsieur, je vous assûre, que la plûpart des écrits qui ont parû sur cette matière,

tière, font bien eloignés du vrai but , &
que ce ne font que de vaines paroles, au
lieu de faits : Quelques - uns veulent qu'on
augmente les forces par terre & par mer ;
d'autres font d'un fentiment oppofé.    Le
premier eft aifé à dire , mais non pas aifé
à exécuter.  Ceux qui font affez injuftes
pour violer les traités les plus facrés qu'ils
ont jurés, font auffi affez artificieux d'alleguer pour excufe : *Qu'un païs neutre , qui
augmente fes troupes , n'a plus la difpofition
de demeurer neutre.*  Si nous augmentions
nos forces, les françois auroient raifon d'en
prendre ombrage , & de craindre que nous
ne prenions le parti Anglois.  Notre Sy-
fteme d'Etat donne par rapport à cela une
double apparence.  Les Politiques pourront faire de ces apparences feules un fujet
de leurs fpeculations. Nos Alliés ainfi dits,
les Anglois, accoutumés à retorquer les
mots & à leur donner de nouvelles explications à leur gré , ne tarderont pas , de
tourner tout à leur avantage *algerien* ; au
premier mouvement que nous ferons par
une augmentation de nos forces , nos
vaiffeaux qui font dehors courrent risque
d'être pris.  On trouvera aifement un pretexte pour les enlever , fur-tout chez une
Nation comme l'Angloife ; car , diront-
ils : *Celui qui eft neutre , & augmente fes*

*** 4

*forces*

*forces le fait, sans doute, à certain dessein; la propre seureté & defence n'en peuvent pas être l'objet,* parceque, continueront - ils, *personne ne pense à faire la guerre aux Hollandois ; au contraire, toutes les Nations belligerantes ont donné les plus fortes assurances à cette Republique, de lui laisser la libre jouissance de la Neutralité qu'elle observe.*

Ainsi l'augmentation de nos forces ne servira qu'à faire croire, que c'étoit pour defendre notre commerce *illicite,* ainsi nommé par les Anglois, avec les Isles Françoises en Amérique ; Commerce, qui excite leur envie, pour lequel ils ont pris nos vaisseaux, & qui de crainte qu'il ne s'étende & ne s'établisse encore, les portera à s'emparer de tous ceux qu'ils rencontrent ; & en s'en rendant maîtres, ils ne manqueront pas de les declarer de bonne prise.

Il est donc à craindre, que les Anglois, avant même que nous ayons commencé l'augmentation, ne nous enlevent un plus grand nombre de vaisseaux, que celui dont nous pourrons en tout augmenter nos forces par mer.

Les Anglois, Monsieur, ayant sû tourner tout autrement & donner le sens qu'ils vouloient à l'Article II. du traité de Navigation, entre Sa Majesté le Roi de la Grande Bretagne & leurs Hautes Puissances

les

les Etats Géneraux des Provinces - Unies conclu en 1674. (comme il eſt aſſez connu & clairement demontré & prouvé par quantité de nos Ecrivains) ils ſont auſſi aſſez envieux & ſubtils, pour detruire, à l'aide d'autres chicanes, notre Commerce, principalement dans les Indes Occidentales, & de le ruiner tout d'un coup.

Leurs injuſtices, que nous éprouvons journellement, engendrent cette crainte, & leurs actions hoſtiles & plus que barbares nous convainquent pleinement, que leur deſſein eſt, de ſe rendre abſolument maîtres de la mer, de s'approprier entièrement le Commerce aux Indes Occidentales, & s'il eſt poſſible, de ruiner tout-à-fait notre marine. L'art d'expliquer les langues & les mots, eſt venu en Angleterre à un tel point, qu'on y trouvera des prétextes en abondance, pour parvenir au but qu'on s'eſt propoſé. Les mémoires des priſes faites par les armateurs & Capres Anglois, imprimées à Amſterdam chez Iſaac Tirion, & publiés il y a quelques jours, vous en donnera, ſi vous ne les avez pas encore lues, une preuve evidente. Si, avec tout cela, la Nation Angloiſe avoit eu, au tems que le traité de Marine & de Navigation fut conclu en 1674., la moindre penſée, que le Commerce qu'on n'a pas fait



en

en tems de paix, pouvoit être ouvert en tems de Guerre, la Grande Bretagne n'auroit affurement pas manqué de donner plus d'extenfion à cet Article II., pour empêcher le Commerce Hollandois d'accroître, en cas de Neutralité. Mais puisqu'on ne trouve excepté dans ce traité, qu'une feule forte de certaine Marchandife, favoir, celles qui fervent à la guerre, qui ne doivent point être transportées, cette diftinction ne pouvoit être conçue plus clairement, que les Hautes Parties Contractantes ont fait dans ce II. Article en ces mots : *Cette liberté de navigation & Commerce s'etend à toutes les Marchandifes, qui font transportées auffi en tems de paix ;* par cela toutes fortes de Marchandifes fans diftinction, à la réferve feulement *de celles utiles à la Guerre*, ont été permifes ; le furplus du traité le fait voir clairement. Si on avoit voulu excepter entre les Hauts Contractans le Commerce dans la partie des Indes Occidentales qui eft à l'Efpagne ou à la France, on n'auroit pas dit généralement dans le premier Article du traité mentioné : *qu'il étoit permis, de négocier, & commercer en toute liberté & fureté* NB. *dans tous les Royaumes, Etats & Pays, que bon il fembleroit.* On auroit fans doute excepté, les païs avec

les-

lesquels on ne devroit avoir commerce
qu'en tems de paix ; par conséquent Mr. il
n'eft pas difficile, de decouvrir, que ce
font des intrigues & des Chicanes que font
les Anglois, en donnant aux mots un fens
contraire pour en tirer avantage. Ils nous
ont fourni eux mêmes un argument incon-
teftable contre eux, lorsque, pendant que
nous etions en guerre avec la France, ils
trafiquoient dans les Isles Françoifes en
Amerique, & en tiroient grand avantage ;
ils ont par là montré & confirmé le vrai
fens de l'Article II. cy deffus mentionné. Et
pourquoi n'aurions nous pas aujourd'hui
la liberté de faire ce qu'ils ont fait alors ?
Leur manière injufte d'en ufer avec nous,
éclate encore plus, en ce qu'ils nous empêchent même le commerce dans nos propres
Colonies. Quel droit ont-ils donc, quels
font les traités qui les autorifent à de tels
procedés ? il eft clair qu'ils ne cherchent que
la ruine totale de notre Marine & de nôtre
commerce, au moins dans les Indes Occidentales ; d'autant plus, qu'ils veulent nous
foumettre à leurs propres arrêts, qu'ils nous
impofent pour ainfi dire, comme des loix
qui nous obligent. Nous avons, on doit
l'avoüer, d'excellens Alliés & amis, qui,
fans nous en prevenir, nous ont ravi nos
vaiffeaux, nos biens, nôtre argent, en un
mot,

mot, tout ce qui convient à leur cupidité.
Ils font maintenant encore plus à craindre, puisque ayant réuffi de prendre ou de
couler à fondsla pluspart des vaiffeaux François, ils font dévenus encore plus puiffans
fur mer, & plus en étât de nous faire plus
aifement fubir le joug de leur dependance?
C'eft pourquoi Mr. nous devons en agir
avec la plus grande circonfpection dans ce
tems critique, pour ne pas tomber dans un
malheur irreparable; parceque nous avons
des alliés qui nous donnent affez de marques du peu de confiance que nous
pouvons mettre en eux. J'avouë bien,
que, fi nous agiffions tous, en vrais & fi-
delles Hollandois, fans prendre ni le parti
François ni l'Anglois, & que nous euffions
en même tems *cet art Pruffien* de faire
une augmentation par terre & par mer,
fans donner ombrage, qu'alors dis - je, il
n'y auroit rien de plus avantageux pour nôtre patrie, que de l'effectuer, cette augmentation, qui a fait déja tant de bruit; car,
puisqu'on ne fauroit plus faire état des
traités de paix, on ne fauroit non plus fe fier
à perfonne, & on fe voit obligé de pourvoir à fa propre defenfe & fûreté. Mais
comme nous devons apprehender, d'un
côté, des explications perverfes des traités;
& de l'autre, de grandes divifions de fen-
timents

timents dans nôtre patrie, il faut que nous veillons principalement à la sûreté de nos vaiſſeaux qui ſont en mer, avant que d'en venir à une augmentation, qui ſans doute ſeroit fort ſalutaire à ce païs, mais qui d'ailleurs par une explication ſiniſtre nous pourroit devenir fort pernicieuſe. Je paſſe ſous ſilence, les motifs qui produiſent nos differens ſentiments, du tout au rien, par rapport à l'augmentation des forces de l'Etat; des eſprits impartiaux pourront facilement comprendre la bonne intention, l'amour & le ſoin pour le vrai Bien de l'Etat, par l'eſtimable avis de la Regence d'Amſterdam, que je vous conſeille de lire, avec toute l'attention poſſible. Des politiques ſages, pourront voir, dis - je, que la plûpart des brochures, qui ont paru ne conſiſtent que dans de vaines & belles paroles, des conjectures rammaſſées, qui naiſſent d'un eſprit de partialité & d'un vil interêt perſonel. Nous ſommes neutres; & on a promis de nous laiſſer dans nôtre neutralité; nous n'avons beſoin que d'une augmentation par mer, pour maintenir par là notre Commerce dans les Isles d'Amerique. Mais les Anglois n'ont ils pas plus de raiſons, que nous n'en pouvons alleguer, d'empêcher la réuſſite de ce juſte deſir de la Nation ? Ne pourront-

ront-ils pas traiter cette augmentation, de
sufpecte, illicite, & contraire à leur interet,
& par conféquent mettre tout en œuvre
pour l'empècher? puisque cette Nation, en
ce cas, ne pourra pas fe figurer autre chofe fi non que cette augmentation fe fait uniquement à leur fujèt. L'Anglois eft foub-
çonneux, c'eft l'effèt du climat; il fe repré-
fentera certainement le prejudice qui en
pourroit refulter pour lui. Et enfin, Mr.
les Ecrivains Anglois foutiennent, que
ce mot d'augmentation répugne abfolument au veritable & propre fens de
*Neutralité.*

Quand je pourrai vous parler tête à tête
Mr. je ferai en état de vous montrer evidem-
ment les vraies raifons & les vuës pour lesquelles on cherche à détourner ces bons
Peres de la patrie, ces fages Anges tutelai-
res du falut de la Hollande, qui font de
fentiment de faire pafler, s'il étoit poffible, l'augmentation tant defirée. Il
n'eft pas befoin d'être Sorcier, ni grand
Politique pour deviner cela. Je le dis encore, nôtre patrie fe trouve maintenant dans
des circonftances fort critiques. Je fuis faifi
d'une forte crainte, que me caufent les Anglois, par leur coutume de tourner le fens
des mots à leur gré; ils nous préfcrivent des
bornes & des Loix, & nous font en général

ral un jeu de leurs vuës dominantes. Faut'il ruiner pour nous plus de cent millions dont ils ont fi injuftement dépouillé nôtre Commerce, depuis le commencement de ce fiécle, par leurs honteufes malverfations, par leurs pillages, & par leurs Jugemens arbitraires ? Cela ne prouve que trop ce que je viens de dire.

Le vrai but de la Nation Angloife étant de détruire nôtre commerce, dans les Indes Occidentales au moins, fi ce n'eft en général ; il faut donc, que nous faffions tous nos efforts, pour arrêter leur deffein, par des moyens qui y foient propres. Une augmentation effective dont il eft tant queftion à préfent, appuïera leur deffein, & elle leur fervira de pretexte pour ruiner totalement nôtre Commerce, avant que l'augmentation fe puiffe faire, & que nous foyons en étât de leur faire tête. Nous ne faurions donc rien faire autre chofe Mr. dans les circonftances critiques où nous fommes, pour ne pas tomber du mal en pis, que d'entrer en négociation avec l'Angleterre fur le II. Article du traité de Navigation, & de faire des rémontrances contre la fauffe explication des termes & des expreffions, qu'ils en donnent. Et parceque nous ne fommes pas tenus, à nous foumettre à la décifion de l'Angleterre, comme juge dans

fa

ſa propre cauſe, nous pouvons implorer la mediation d'autres Puiſſances maritimes. L'Eſpagne, & le Portugal pourront juger & décider nôtre different. Le bon droit ſera de nôtre côté, & ſi l'injuſtice s'y opoſe, elle ſera reconnuë & repouſſée partout. Alors ce ſera le tems propre à une augmentation des forces de l'Etât; nous ſerons protégés, favoriſés, & nôtre juſte Cauſe ſera defendue de tous côtés. Nous ne ſerons pas obligés à plier ſervilement ſous le joug des ſentences arbitraires de nos adverſaires, ni de laiſſer ainſi impunément nos biens, & nos Compatriotes qui ſont ſur mer, en proye à des amis tiranniques & ſans foi. Notre Commerce floriſſant ne ſera pas arrêté. Il eſt à préſumer, par de bonnes Raiſons, que l'Eſpagne & le Portugal reconnaitront la juſtice de notre Cauſe & nous aideront. C'eſt de cette manière Mr. qu'il eſt à eſperer que l'on étouffera le deſſein des Anglois, & que nous ſerons à l'avenir à couvert des inſultes & des cruels brigandages de pareils Alliés: voilà les vœux ardens que je fais du fonds du cœur, pour le bien de nôtre patrie & de nos concitoyens.

TROI-

# ETAT

de l'Armée de LL.HH.PP. Messeigneurs les Etats Gener. des Prov. unies de l'année 1759. Savoir: Les Generaux Suivant leur rang, la date de leurs Commissions & leurs empl. militaires, les Reg. suivant leur rang, le nombre des Esc.; Battail: & Comp. de chaq. Reg. & sa force, ainsi sa Garnison.

## LISTE DES GENERAVX.

S.A.S. MONSEGON: le PR. D'ORANGE, CAPITAYN GENERAL.
S.A.S. Mgnr le Prince Louis de Brunsvic, Felt-Marchal.

| Noms. | Date des Commissions | Employs. | Noms. | Date des Commissions | Employs. |
|---|---|---|---|---|---|
| **GEN. DE LA CAV.** | | | Comte d'Enno | | |
| Prince de Birckenfeld | 1. Nov. 43 | Gouverneur de Namur | Corneison | 16. May 47 | |
| P. de Hesse Philipsthal | 1st. May 47 | Gouverneur de Breda | Villegas | | |
| Wigs | 30. May 48 | | Prince de Bade Bade | 24. Fev. 48 | |
| **LIEVT. GENERAVX.** | | | Prince de Gaspar Anthony | 2. Dec. 48 | |
| van Hop | 16. May 47 | Com: à Namur | Densau | | |
| Comte de Nompesch | | | Mahony | | |
| van Lunenbourg | | | Corneisson | | |
| M. Hoeuft van Oyen | | | Enno | | |
| Baron Crevecoeur | | | Rhoon de Bade Dael | 1. Sept. 52 | [illegible] |
| Marg: de Bern | | Commend. à Coevo | | | |
| van Heimenaart | 2. Nov. 48 | | **GENER. MAIORS** | | |
| de Nassau la Lecq. | | Gouvern: de Hensden | Prince d'Auvergne | 16. May 47 | |
| **GEN. MAIORS.** | | | Ranitsch | | |
| van Hays | 16. May 47 | | Braun | | |
| Comte de Rochow | | Commend: à Vorde | Sangfort | | |
| van Bauricius | | Colli: à Brabant | van Oyen | | |
| Plk: de Pergova | | Commandant à Arnheim | M. von Burmania | | Gir. Maj. à Maastricht. |
| Plungers | 2. Nov. 48 | | van d'Orst | | |
| Hoeuft van Oyen | | | Monseou | | |
| van Serraskerken | | | Comte de Wartensleben | | |
| Paget | | | Carl Sturler | | |
| Rousseau | | Commd: à Breda. | van der Does | | |
| van van Serraskerken | 25. Apr. 54 | Colli: à Sophansvers | van Oyen | | Command de St. Andres |
| M. Comte de Reynarch | | | Mahler | | Command d'Ypern. |
| M. comte de Reynarch | | | Comte de Limmagh Gottorsch | | |
| van Linden tot Reszon | | | Indenweser | | |
| **GEN. DE L'INFANT.** | | | Comte P. Goud. 8st barnh: | | |
| Protorius | 1. Nov. 42 | Gouverneur de Berge op Z. | S. Comte de Rochow | | |
| P. de Saxe Hildburgh. | | Tour de Nimegue. | P. de Stollers v. reseau | | |
| Baron d'Aubria | 1. May 47 | Gouvern: de Maastricht. | Dretz | | |
| Bar. de Burmania | | Coll: de la Hunck Hol. | Rators | | |
| Mossel | 25. Apr. 54 | Commendeur des Indes orient. | Halpvade | | |
| **LIEVT. GEN.** | | | van Heen | | |
| Brackel | 16. May 47 | | Angelica | | |
| Cumminga | | | la Rouere | 1. Jan. 48 | Gen. Maj: de Berge op Z. |
| Villetes | | Coll: de Chateau de Namur | Stenvart | | Couvg. de Willebstad. |
| Lindmann | | Comm: à Maastricht | Carvahel | | Couvg. de Willebstad. |
| Comte van Wassart | | Command: à Tournay | Chastaga | 2. Mars. 48 | Augen. e Quartier-maitre. |
| Nagara | | | Manschot | | Tournay. |
| Manschot | | Prade haut vaardegur. | Evaert vach | 2. July 48 | Chef de l'Artillerie. |
| Comte de Lillars. | | | May | 7. Dec. | |
| | | | Rothon | 2. Jan. | Coll: de Groeningen. |
| | | | Escher | 12. Jan. | |
| | | | Saurf | 24. Jan. 50 | Coll: de Coevorden. |
| | | | Trip | 24. Apr. 52 | |
| | | | Linden von Blitterswyk | | |
| | | | P. Reward de Bade Durl. | | Gouver: d'Arnheim |
| | | | Crembsen | | |
| | | | P. Y. Nassau Weil. | 22. Oct. 58 | |

## LISTE DES REGIMENS.

| Esc. | Comp. | Noms des Regimens. | force | Garnison. | Batt. | Comp. | Noms des Regimens. | force | Garnison. |
|---|---|---|---|---|---|---|---|---|---|
| | | **CAVALLERIE** | | | 2 | 14 | Salberg | 720 | [illegible] |
| 3 | | Cavallerie | 258 | à la Haye | 2 | 14 | Halpvade | 720 | Zyal, Arnhem |
| 3 | 8 | Orange Fryse | 336 | Lewaick, Deckum | 2 | 14 | Mainvhesbc & eesfecs | 720 | Breda |
| | | Carabiniers | | Rosbivar, Shiurec, Guert | 2 | 14 | Svvaert, & eesfecs | 720 | Maestricht, Berge op Z. |
| 3 | 8 | Birckenfeld | 336 | Zutphen, Arnhem | 2 | 14 | Kleten | 720 | Nimeguen, Poffen Var. |
| | | Heimenaart | | Groningen | 2 | 12 | Corken Suisfes | 1200 | Sluis en Flandre. |
| 4 | 8 | Hesse Philipsthal | 336 | Zu S. Herfeld, Wollenhar | 2 | 14 | Nassau Weilburg | 720 | Maestricht |
| | | Russis | | Campen | 2 | 14 | Shilbeck | 720 | Namur |
| 4 | 8 | Trip | 336 | Nimeguen | 2 | 12 | Rouguet Suisfes | 1200 | [illegible] |
| | | C. Rochow | | Rosview op Zoom | 2 | 14 | Jervenne | 700 | [illegible] |
| 4 | 8 | Nassau la Lecq. | 336 | Hammue, Maestricht | 2 | 12 | Govehen Suisfes | 1200 | [illegible] |
| 22 | 54 | Somme | 2274 | | 2 | 14 | Stenbor Suisfes | 1200 | Namur |
| | | **DRAGONS** | | | 2 | 14 | Servin virebri | 430 | Bremen |
| 4 | 8 | Gary s. | 336 | Nais, Les Enthoven | 4 | ... | anss Nassuin | 4500 | Wese |
| 4 | 8 | Hoye | 336 | Bagsterka, Venis | 4 | 18 | Hasbeck | 460 | Hamqvent, Sar. Gui |
| 4 | 8 | Dufour | 336 | Breda | 43 | | Somme | [illegible] | |
| 12 | 24 | Somme | 1008 | | 2 | 14 | **ARTILLERIE** | 180 | la Namur, Nyervice |
| | | **INFANTERIE** | | | | | | | Birckbas, Breda |
| 2 | 14 | Guardes Hollandoisfes | 1160 | la Haye | | | | | Bremen op Zoom, 's |
| 2 | 8 | Guard Suisfes | 1160 | à la Haye | | | | | Wese |
| 2 | 14 | Orange Fryse | 720 | Maestricht, Steur, Sa. | | | | | Nimegue, Leiden |
| 2 | 14 | Orange Cauleberc | 720 | Zutphen, Doesburg | | | | | Groningue, Zuvel |
| | | Pr. Anhalt | | Brevers | | | | | Coevorden, Zutph. |
| 2 | 14 | Brown Coveringen | 720 | Zutphen Willebstad. | | | **MINEVRS** | 192 | Namur, Maestricht |
| | | | | Coevorden, Zutphen. | | | | | Bremen op Zoom |
| 2 | 14 | Pr. R. Orange Nasfau | 720 | Maestricht | | | **INGENIEURS.** | | |
| 2 | 12 | Pr. R. Orange Nasfau | 720 | Holten, Nivenberg Lill. | | | 3. Collonels | | |
| | | Marg. de Bade | | Coevorden | | | 4. Lieut. Collonels | | |
| 2 | 14 | Protorius | 720 | Saxe Merschal, Berg op Z. | | | 9. Maiores | | |
| 2 | 14 | Sarre Hildburghaus | 720 | Nimegue, Coevorden. | | | 14. Capitaines | | |
| | | Rochow | | Brabt Schoevera | | | 13. Capit. Lieut. | | |
| 2 | 14 | Mybra | 720 | Breda, Nimegue | | | 25. Lieutenants | | |
| | | Clindura | | | | | 6. Extraordinaires | | |
| 2 | 14 | Burmania | 720 | Coram | | | | 73 | |
| | | Pr. de Bade | | Nimegue | | | | | |
| 2 | 14 | Brackel | 720 | Nimegue | | | **RECAPITVLATION.** | | |
| | | Randny k | | Bremen op Zoom | Esc. | Bat. | | | force |
| 2 | 14 | Villates | 720 | Nimeguen | 22 | | Cavallerie | | 2274 |
| | | Hoffcin | | | 12 | 24 | Dragons | | 1008 |
| 2 | 14 | Lindmann | 720 | Devel, Sielver sluys | 58 | 74 | Infanterie | | 34000 |
| | | Maon | | Coevren, Schoonhove | 1 | 3 | Artillerie | | 180 |
| 2 | 14 | Loye | 720 | Groavt Zutphen Prosb. | | 4 | Mineurs | | 192 |
| | | | | Tournay | | | Ingenieurs | | 73 |
| 2 | 14 | Manschot | 720 | Nieuw, Shanger Haus barn | | | | | |
| | | la Rivoire | | | | | | | |
| 3 | 21 | Lillars | 1080 | Ypern, Tournay | | | | | |
| | | Sanisfort, Coevorden | | Nivenc | 49 | 78 | Couy | Somme totale | 38497 |
| 2 | 14 | d'Enno | 720 | Venlo | | | | | |
| | | Dretz | | Maestricht | | | | | |
| 2 | 14 | Crevefon | 720 | Bergen op Z, Coevorden | | | | | |
| 2 | 14 | Villetas | 720 | Namur | | | | | |
| 2 | 14 | Coryse | 720 | Houten, Arnheim | | | | | |
| 2 | 12 | Sturler, Suisfes | 1200 | Boisleduc | | | | | |

# TROISIEME SUITE
## D U
# POINT D'APPUI,
### ENTRE LA
# HOLLANDE
### ET
# L'ANGLETERRE.

*Observations d'un Patriotte Hollandois sur la Conduite des Anglois envers la Republique dans la precedente & la présente guerre.*

Quoique la peine que je me suis donnée au commencement de la guerre passée, de detailler les mauvais offices que l'Angleterre a rendus continuellement à notre Republique, depuis son Etablissement (1), aye été rendue infructueuse, par l'ascendant du Parti Anglois, qui

*** * ***                                   vou-

(1) Voyez ce Détail interressant dans les ME-MOIRES POUR SERVIR à l'HISTOIRE DE NOTRE TEMS, *par-rapport à la guerre Anglo-Gallicane,* Tome second, page 177. & suiv. On connoit d'ailleurs la celebre Piéce, intitulée *Lettre d'un Membre du Gouvernement,* publiée pour la seconde fois en Hollande, avec quelque changement, en 1756. en un petit Volume in quarto.

vouloit forcer les Hollandois à mettre à leur tête le Beaufils, & la Fille du Roi de la Grande Bretagne; quoiquè dis je, la peine que je pris alors pour empecher la République de subir le joug Anglois, n'aye pas reussi, je crois, vû les circonstances presentes, pouvoir me promettre plus de succès.

L'Ancien amour pour la patrie se réveille, & je ne saurois m'empecher de faire encore un essai, si je ne pourroit pas faire changer de sentiment à quelques uns ceux que le Parti Anglois à sçû attacher à son char: je puis l'esperer à plus forte raison, qu'il semble qu'à présent les Regens & le Peuple sont moins porté à la Guerre qu'ils n'étoient en 1740.; ce qui paroît entre autres de la Résolution de L. H. P. du 25. de May 1758., où elles déclarent: *que dans la guerre entre l'Angleterre & la France, & ses suites, elles garderoient une exacte neutralité, sans deroger en aucune manière aux alliances de la République.* C'est cette déclaration qui a sauvé la République de la perplexité, où elle se trouvoit il y a quelque tems, lorsque l'Angleterre demandoit du secours, & que la France ménacoit l'Etat si l'on donnoit le sécours demandé. Le Ministère d'Angleterre avoit déja envoyé à Hellevoetsluis des Vaisseaux pour transpor-

ter

ter le fécours, fans être certain de l'obtenir ;
mais zéle des prémieres Provinces d'empêcher que l'Etat ne prenne aucun parti,
& les efforts de S. A. R. d'autre côté, pour
les engager à entrer dans les intentions des
autres Provinces, fit que la République choi-
fit de donner la déclaration mentionnée.

Mais la Cour d'Angleterre peu fatisfaite
de cette declaration, a depuis fait reiterer
la prétention de fecours, par l'Envoyé
York, réclamant le Traité de 1678. A quelle
fin ? à aucune autre, que pour engager la
République dans la guerre, & pour jetter
fur elle, comme autrefois, une grande partie des malheurs de la guerre, pendant que
l'Angleterre auroit les mains plus libres
d'étendre fes poffeflions & fon Commerce
en Amerique, aux depens d'un chacun.

Il eft vrai, il faut fécourir les alliés s'ils
demandent le fécours promis dans les
Traités ; mais la queftion eft : fi l'Etat à
promis par quelque Traité d'affifter l'Angleterre dans une guerre qui s'eft élevé fur
des differents en Amerique comme celle ci ?
Pour parler clairement, il eft décidé que
l'Etat n'eft point obligé, par aucun Traité,
à donner du fécours dans une guerre qui,
commencée en Amerique, eft transmife en
Europe par quelque Allié. Ce point a été
difcuté & decidé dans des écrits publics,



il

il ne reste plus le moindre doute la desfus; la Régence en étoit persuadée, en faisant la déclaration : d'observer une exacte neutralité, dans la guerre présente & ses suites. Si leurs H. P. croyoient, que le Traité de 1678. ou quelque autre avec l'Angleterre, les engageoit à présent à des sécours, elles ne déclareroient pas de demeurer neutres. Il est vrai, qu'elles font cette déclaration : *sans déroger à leurs alliances*; mais la raison apprend, que sous ces *alliances*, elles ne peuvent pas entendre des alliances avec l'Angleterre *qui puissent êtres reclamées à présent*. Autrement ce seroit se contredire ouvertement. Elles entendent indubitablement des alliances, soit avec l'Angleterre ou avec quelque autre Puissance, qui, en certains évenements, qui pourroient provenir de cette guerre, les engageroient à prendre parti, ce qu'alors elles ne laisseroient pas de faire. Il me semble qu'elles ont en vûë particulierement les alliances qui garantissent la succession de la Maison d'Hanovre. Les Anglois cependant pressent le sécours, non parcequ'il étoit promis par les Traités, mais pour entrainer la République, coute qu'il coute, dans une guerre, qui pourroit finir peut-être, si tout va bien, à l'avantage des Anglois; pour l'Etat contraire

il

il n'en réfulteroit que domage, & fa ruine
totale, fi elle ne reuffiffoit pas.

Que penfer, que dire de tout cela ? Ne
paroit-il pas que le Miniftère Anglois tache
de fe fervir de l'Influence que l'Angleterre a
eû depuis quelques années fur la République plus qu'auparavant, pour la faire dé-
penfer, & prendre part à la perte que cette
guerre pourroit caufer aux Anglois ? Le
Miniftère Anglois ne perd jamais de vue
l'entreprife fur l'independence de la République. Depuis le tems de la Reine Elifa-
beth jufqu'ici, il l'a fort fouvent tenté : il
fe concerta avec la France, fous les Regnes
de Charles II. & Jacques II., pour renver-
fer la République, ou d'effectuer un changement dans le Gouvernement, pour avoir
plus d'influence fur la Nation. Quoique ce changement puiffe être falutaire
en d'autres confiderations, la République
doit être toujours fur fes gardes contre les
vues de la Cour d'Angleterre. On voit
jufqu'où vont les Anglois. Ce n'eft plus
memoire fur mémoire pour avoir du fécours, ils font bien autre chofe pour obliger l'Etat d'entrer dans leurs vuës. Ils
empechent le Commerce & la Navigation
libre, en vifitant, en prenant les Vaiffeaux
Hollandois, diametralement contre les
Traités. C'eft de cette injuftice criante que

*** * 3                                    je

je me suis proposé, de traiter dans cette lettre, qui servira peut-être à ouvrir les yeux à quelques gens, pour découvrir le dessein du Ministère Anglois, qu'on leur tient caché. Je n'aurai garde pourtant d'aller aux invectives, ou de montrer de l'aigreur. La raison, les faits, doivent parler pour moi.

La guerre qui s'étoit élevée entre Charles II. & les Etats en 1672. se termina deux ans après par la paix qui fut signée à Westminster le 19. Febr. 1674. La République alors continuoit la guerre contre la France. La Cour d'Angleterre qui tachoit de se rendre maitre du Commerce & de la Navigation Françoise, pressoit pour faire conclure un Traité de Marine avec les Etâts; ce qui réussit enfin après une Negociation de quelques mois, le 11. de Decembre 1674. Dans ce Traité, il est établi Art. 1. que les sujets de part & d'autre doivent naviger & trafiquer *en toutte seureté & liberté*, dans tous les Empires & Etats, qui sont ou seront en paix, amitié & alliance avec la Puissance Contractante, sans être inquietés, à l'occasion d'une guerre de l'autre Puissance, des soldats, vaisseaux de guerre ou batiment quel que ce soit. Suivant les Art. II. III. IV. ce Commerce s'etend sur toutes sortes de Marchandises

qui

qui font tranfportées en tems de paix, nom-
mement, du drap, toute forte d'étoffes
pour vêtements, toute forte de metaux,
comme étaim, fer, cuivre, plomb, char-
bons, toute forte de grains, de Tabac, de
viande, de poiffons falés & fumés, de
fromage, bierre, vin, huile, fucre, fel,
& toute forte de vivres; de plus, cotton
chanvre, lin, cables, voiles, ancres,
mats, planches, ais, poutres & toute forte
de materiaux pour conftruire des Vaiffeaux:
toutes ces Marchandifes feront tranfportées partout, hormis dans les places françoifes affiegées, bloquées, ou inveſties.
Il eſt déclaré expreffement, que fous contrebande, ou marchandife defendue, on
n'entend que toute forte de munition de
guerre, avec Soldats, chevaux &c. Suivant le VIII. Article, Marchandife ennemie
au bord des vaiffeaux amis eſt declarée libre: & les Mariniers deftinés à des places
ennemies, doivent prouver fuivant le VI.
Art. leurs charges uniquement par leurs
paffeports & autres lettres de mer. S'ils
ont quelques contrebande à bord, & qu'ils
l'abandonnent, ils doivent être abfous
fur le champ. Autrement les vaiffeaux
feront pris, la contrebande feparée, & confisquée, fans ufer d'autre violence, le
vaiffeau rélaché, pour continuer fa route

*** * 4

fans

ſans obſtacle. Dans le VII. Art. la manière de viſiter, de prendre les vaiſſeaux, bref le droit ſur les priſes faites eſt exactement réglé dans ce Traité. Et puisqu'il n'y étoit pas clairement exprimé, ſi l'on transporteroit des Marchandiſes libres d'un port ennemi à l'autre, cela fut arreté par une Convention expreſſe, ſignée à la Haye le 30. Dec. 1675. Ce Traité & la convention après lui, ont été confirmés de tous les Rois ſuivans de la Grande Bretagne, & dernierement par Sa Majeſté apreſent regnante, le 27. de May 1728. A peine le Traité fut-il conclu 1674., que les Anglois en retirerent les fruits, ils trafiquoient librement en France, pendant que cet Empire étoit en guerre avec l'Etat, jusqu'au 10. d'Août 1678. où la paix fut conclue. Et je ne me ſouviens pas, que les Anglois ayent été troublé durant ce tems de 4. ans par les vaiſſeaux de guerre ou armateurs de l'Etat, dans leur Navigation libre, ou qu'on s'en ſoit plaint à leurs Hautes Puiſſances.

Qui ne ſe feroit pas attendu, que, ce Traité étant ſi ponctuellement obſervé des Etats, les Anglois n'en fiſſent autant? Mais il arriva tout au contraire du tems de George I., dans la première guerre que la Grande Bretagne eut après la Concluſion du Traité de Marine avec l'Eſpagne, & dans

la

laquelle l'Etat n'avoit aucune part. Durant cette guerre, qui s'eleva 1718., plufieurs vaiffeaux ont été pris fur nous par les Anglois ; mais c'eft dont j'ai déja parlé dans ma précedente. Dans la guerre entre la Grande Bretagne & l'Efpagne qui s'eleva 1739. & entre la France & l'Angleterre 1744. on a maltraité de la même manière les fujets de l'Etat. La guerre fut entreprife contre l'Efpagne, parceque les vaiffeaux Anglois avoient été examinés, & pris par les Gardes-Côte d'Efpagne, fur l'apparence ou le foupçon de Contrebande dans les Indes Orientales. Les Anglois declaroient que cela étoit injufte, pendant qu'ils faifoient de même, & pire encore, aux fujets de la République. Les Capres non feulement, mais auffi les Vaiffeaux de Guerre Anglois, fe rendirent en 1739. avant & après, maitres de plufieurs vaiffeaux Hollandois, dont quelques uns furent declarés pour de bonnes prifes, parceque la charge apartenoit, ou qu'on la croyoit apartenir à des Efpagnols : non obftant l'Article VIII. du dit Traité de 1674. qui porte, que les Marchandifes à bord des Vaiffeaux amis ne font pas confifcables. Les befoins de bouche & de vaiffeaux furent pareillement confifqués, quoique le trafiq en fut clairement exprimé dans le Traité.

*** * 5

Lors,

Lorsque la Guerre eut commencé avec la France, en 1744., les prifes & les confifcations des Vaiffeaux Hollandois augmenterent fous ce frivole prétexte. La Mer de l'Amerique n'étoit pas plus feure que celle de l'Europe contre les depredations des Anglois. Les Regiftres de leurs H. P. font remplis des plaintes des plus confiderables Marchands fur de pareils malheurs. Les Miniftres de l'Etat à la Cour d'Angleterre prefenterent nombre de Memoires contenans ces plaintes avec les preuves de leur juftice. Je ferois ennuyeux, fi j'entreprenois de denombrer ici tous ces Memoires & Régiftres du domage caufé au Commerce continuellement par les Anglois. Contentons-nous de rémarquer feulement, que quelques Marchands d'Amfterdam faifant Commerce fur Curaçau demontrerent en 1745. que le domage fait à leurs amis en Amerique par les Anglois, contre le Traité de 1674., montoit déja à une million d'écus, depuis le commencement de la guerre (2). Il a fort accru dans la fuite, de forte même, qu'on fait pour fûr, que la perte de la feule Bourfe d'Amfterdam, caufé par les deprédations des Anglois, monte à 20. millions de fl. Cepen-

(2) Refol. de Leurs H. P. du 28. Juin. 1745. p. 476. du 16. Avril 1746. pag. 274.

Cependant il ne faut pas se faire accroire, qu'ils s'étoient attiré ce desastre, par le transport de Contrebande : ce que je dis des depredations des Anglois, je le sais par les Registres de Leurs H. P. aux-quelles personne n'auroit osé se plaindre de la perte des Marchandises contrebande. Aussi les plaideurs ne manquent-ils presque jamais de demontrer, qu'ils se sont réglés au Traité de 1674. Ils ne s'agit pas de Contrebande, en se plaignant, par Exemple : „que les juges dans les Indes „ Orientales, pour la moindre Contre- „ bande, declarent vaisseau & cargaison „ être de bonne prise (3). " Le Traité de 1674. ne permettant de confisquer que la Contrebande, il oblige de relacher le vaisseau avec le Reste de la Marchandise. Il est aussi préscrit dans ce Traité la manière de visiter & de prendre, & toutte violence injuste y est defendue. Mais les Anglois, les Capres surtout, s'en soucioient si peu, qu'ils erigoient des gibets, en arretant des vaisseaux chargés de Marchandise libre, pour jetter la terreur entre les matelots; qu'enfin etant abordé ils confisquoient le vaisseau, sous pretexte, qu'il étoit un vaisseau françois, quoique les proprietaires

soyent

(3) Res. de leur H. Puiss. du 28. Juin 1745. pag. 476.

foyent habitans de la Republique (4). Mais ce n'étoient pas les Capres feuls, qui violoient les Traités. L'Amiral Rawley fe trouvant 1745. en la Mediteranée, avoit pris quelques vaiffeaux chargés de grains & de bois, de Marchandife abfolument permife, & il les avoit mené à Gibraltar, & rétenu fans forme de procès, n'ayant pas honte de dire qu'il avoit befoin des planches dont l'un des vaiffeaux étoit chargé (5). Cependant j'ai montré plus haut, que les tranfports de planches eft expreffement permis dans le Traité de 1674. Mais on vouloit empécher, non obftant le Traité, toutte navigation & trafiq avec la France, l'Efpagne & Génes, Le Capitaine Robinfon, qui pareillement étoit dans la Mediterranée, menaçoit de prendre tout ce qui venoit de Smirne à Toulon & Marfeille (6) pour prouver qu'il n'avoit egard à aucun Traité. En un mot, les pillages des Capres Anglois, les prifes & confifcations par les vaiffeaux de Guerre même, continuerent tant que dura la guerre. On entreprit de mener les vaiffeaux à Gibraltar & Port-Mahon, où tous furent déclarés pour de bonnes prifes, parcequ'en Angleterre

(4) Ref. de leur H. Puiff. du 8. Juin 1746. p. 414.
(5) Ibid. - - - - - du 19. Octobr. 1745. p. 745.
(6) Ibid. - - - - - du 27. Nov. 1745. p. 832.

terre il étoit arrivé qu'on avoit rélaché quelquefois un navire, declarant qu'ils avoient été pris injuſtement.   Je ne veux rien
dire de l'Isle de Rhodes en Amerique dont
on fait un vrai Réfuge de pirates.   Et ſi
touttefois les proprietaires des vaiſſeaux
Hollandois, appelloient quelquefois des
ſentences & de leurs violences à la juſtice
en Angleterre, les procès y trainoient ſi
long tems, & devenoient ſi precieux, que
ſouvent après l'avoir gagné, on avoit plus
perdu, qu'on n'auroit pu perdre ſans appeller.

La Conduite des Anglois contre le Traité
eſt ſi ouverte, que la Cour même le récon-
noit, on l'avoua à Mr. Hop. Sa Majeſté Bri-
tanique elle même s'expliquoit déja le 10.
Avril 1743. ,, Qu'il falloit ſuivre religieu-
,, ſement le Traité de 1674.; & le 30. Avril
,, 1744., qu'on ne devoit prendre des vaiſ-
,, ſeaux Hollandois pour avoir à bord des
,, Effêts françois ou Eſpagnols (7). " Mais
on a eu la triſte experience du peu d'Effêt
de ces déclarations, ſur les Capres non ſeu-
lement mais auſſi ſur les Armateurs & les
Colleges de juſtice.

Rawley, Robinſon & autres, qui agiſ-
ſoient directement contre cette déclaration

(7) Ref. de L. H. P. du 8. Juin 1746. pag. 169.
& du 9. d'Aout 1756. p. 344.

ration, ne furent point reprimés ni punis. Les depredations ne finirent qu'à la paix 1748. Les habitants negociants de l'Etat s'en fentiront encore bien long-tems.

Voilà comment la République eft traitée par fes alliés, étroits & naturels, comme ils difent, dans un tems où elle étoit unie, prenant part en meme tems avec eux dans la guerre: il paroit qu'elle ne fera pas mieux traitée à-prefent qu'elle n'eft pas difpofée comme alors, & prompte à un fecours, qu'elle ne doit pas, fur le clin d'oeil ou la parole feulement du Miniftre Anglois. On recommence à reclamer des Traités, qui ne font pas applicables aux Conjonctures préfentes, & on viole en même tems des Traités qui dévroient être obfervés à jamais, pourvu que la République elle-même ne foit engagée dans la guerre.

Dans la declaration de guerre de la Grande Bretagne contre la France, fignée le 17. de May de cette année, tous les vaiffeaux qui portent des Contrebandes dans les places Françoifes, font déclarés pour bonnes prifes. Mais cela eft contraire au Traité de 1674., où il eft arreté, que la Contrebande feule, qui fe trouveroit à bord des vaiffeaux amis, ou neutres, feroit confisquée, mais que les vaiffeaux avec le Refte de la charge feroient relachés.

C'eft

( 47 )

C'eſt pourquoi les perſonnes & les Effêts
non permis, furent ſpecificés dans la declaration de guerre; ſavoir, Soldats, armes, poudre, Ammunition ou quelque
autre Contrebande: Mais qui nous auroit
dit, que les Anglois entendiſſent ſous Marchandiſe de contrebande la même qui eſt
expreſſement permiſe dans le Traité? Au-
moins, dans l'acte du Parlement, paſſé
le 27. de May de cette année, & qui ſert
pour encourager les mariniers, les beſoins
pour la Conſtruction des vaiſſeaux furent
mis au rang de Contrebande, dans le 38.
ou dernier article; ainſi qu'on y donne
aux ſujets du Roi le Droit d'arreter des
vaiſſeaux neutres, qui en portent en France ou en des places françoiſes; & aux Of-
ficiers de Marine la liberté d'achetter ces
materiaux, pour le Compte du Roi: Reg-
lement contraire au Traité de 1674., où
le Transport de bois, chanvre, Corda-
ges, Ancres & autres ſemblables appareils
pour les vaiſſeaux eſt expreſſement déclaré
libre. Qu'on veuille prendre ces materiaux
pour le Compte du Roi, cela amoindrit
un peu la gravité de la violation du Traité; mais ne l'ote pas. Le tranſport des
materiaux, pour batir des vaiſſeaux, eſt
permis par les Traités, à touttes les places
que bon ſemble aux proprietaires, pourvû

vu qu'elles ne soyent affiegées, bloquées &c. Mais cette liberté eft violée,
en forçant les Mariniers d'aller où ils ne
veulent pas aller, & en les obligeant à
vendre leurs effets, qu'ils ne veulent pas
vendre.

Les Traités qui fubfiftent entre la Grande Bretagne & cet Etat étants publiquement
violés par la declaration de guerre contre
la France & cet Acte de Parlement, il n'é-
toit pas à préfumer, que les vaiffeaux de
guerre du Roi, & fur tout les Capres Anglois, une efpece de Corfaires, auroient
égard aux Traités. A peine la guerre
étoit-elle declarée, que quantité de vaiffeaux Marchands allants en France ou
de rétour, ayant à bord des éffets François ou des materiaux pour batir des vaiffeaux, furent pris & enlevés : quelqués uns
qui avoient été chargés avant la déclaration de guerre, & ne portoient point de
materiaux pour les vaiffeaux, furent rélachés fur les fortes inftances de Mr. Hop.
Monf. York avoit déclaré, que tous les
vaiffeaux feroient rélachés, & que le Roi
fon Maitre avoit rigoureufement defendu,
de prendre encore des vaiffeaux fous quelque pretexte que ce put-être (8). Mais
on

____

(8) La Réfol. de Leurs H. P. du 13. Juillet 1756.
pag. 294.

on prétendoit après de retenir les materiaux
pour vaiſſeaux, pour le Compte du Roi.
Quelques uns des proprietaires y ont con-
ſenti, de crainte d'une plus grande perte;
d'autres n'en ont rien fait juſqu'ici. Je
loue la fermeté de ces derniers. S'ils ont
agi conformement aux Traités, pourquoi ne dévoient-ils pas être traités conformement à ces mêmes Traités? Et
en quoi auroient-ils violé les Traités?
S'ils ſont allées d'un port François à un
autre, cela leur eſt permis ſuivant la
Convention de 1675. S'ils ont eu à
bord des Marchandiſes françoiſes; elles
doivent être transportées ſuivant le VIII.
Art. du Traité de 1674. Si leurs charges conſiſtoient en mats, chanvre, plomb,
& ſemblables; il ſont pareillement permis par le même Traité. Mais, dit-
on, ils ont voulu transporter en France
des Marchandiſe contrebande; Cependant
avec tout ce criaillage, je n'en ai point
encore vu de preuve: Et ſi cela étoit prou-
vvé, les effets Contrebandes ſeuls ſero-
ïent priſes, car ſelon le Traité de 1674.
le vaiſſeau & le Reſte de la charge doit
être relaché, comme je l'ai déja rémarqué.

**** *

C'eſt

C'eſt de cette maniére que les Anglois traitoient leurs alliés naturels dès le commencement de la guerre. La priſe, l'enlevement, la retention des vaiſſeaux, le debarquement des effets, les prendre parforce, tout ce que j'ai entendu eſt directement contre les Traités. La manière même de viſiter eſt illegale. Et tout cela ſe fait par les vaiſſeaux de guerre du Roi : Les Capres ſont encore plus importuns, ils pillent presque tous les vaiſſeaux, ceux même qui ne ſont pas deſtinés pour aller en France, ni en reviennent. Nos voiſins & alliés veulent detruire de fait notre Commerce comme il ſemble. La jalouſie qu'ils ont eu depuis deux Siecles de la Navition des Hollandois, ne leur permet pas de la laiſſer libre à nos Compatriottes dans un tems que la leur eſt troublée par la guerre.

Cependant à quoi bon de faire des Traités de Marine, s'ils ſont violés auſſi legerement que ceux que la Republique a avec la Grande Bretagne ? Que dira le Miniſtère Anglois ; que dit - il pour juſtifier la violence qu'on continue de faire aux Traités ? Je ne ſais pas, qu'on ait répondu aux plaintes, que nous

avons

avons porté à la Cour d'Angleterre. Le
peuple en Angleterre, & quelques gens
en Hollande même, à ce qu'on m'a dit,
ont inventé de chetives Raisons pour
excuser la conduite des Anglois. Et il
ne sera peut - être pas inutile de résu-
mer ici les prémiers de ces arguments,
pour les examiner.

1) Vos vaisseaux, disent - ils sont pris,
parcequ'ils font un Commerce defendu.
Vos Marchands, même dans vos écrits,
font representés comme une Troupe de
Contrebandiers, qui se font attirés eux-
mêmes la perte qu'ils font. Je ne veux
pas nier absolument qu'il n'y ait de
semblables Marchands, mais le font - ils
tous? Le font-ils en grande partie? Ceux
qui se le font imaginé demeurent inter-
dits, d'autant qu'il n'est pas encore démontré, comme je l'ai dit dessus, qu'entre les vaisseaux qu'on a pris il y en ait,
qui ayent eu des Contrebandes à bord.
Des materiaux pour le besoin ou pour
construire des vaisseaux ne font pas contrebande.

2) Mais dit-on, n'est - il pas mal
fait, n'est-il pas intollerable, de mettre

***** 2                                   la

la France en état, de mettre des flottes en mer contre nos alliés, avec lesquels elle est en guerre; de lui fournir des mats, du bois & d'autres semblables materiaux? N'étoit-il pas mal fait, je le demande à mon tour, qu'après la conclusion du Traité de 1674. la République étant encore en guerre avec la France, les Anglois lui fournissoient les mêmes materiaux, jusqu'à la paix de Nimwegue, se reservant expressement de fournir le plomb, un produit de leur païs, pour en faire les bales à servir contre les Hollandois leurs alliés? Nos Compatriotes ne s'en louoient pas alors. Il est donc facile à comprendre que les Anglois ne s'en loueront pas, si l'on apporte des materiaux pour les vaisseaux à la France dans des vaisseaux Hollandois. Mais il n'est pas question de ce qui plait ou deplait aux Anglois, ou à nous, si nous etions à leur place; mais de ce qui est permis à l'un & à l'autre par les Traités. Leurs Haut. Puis. ont déja résolu cette question dans la guerre precedente (9).

3) Le

(9) Voyez Resol. de leurs H. P. du 10. de Mars 1746. p. 172.

3) Le transport, dit - on encore, des Marchandiſes françoiſes d'un port François à l'autre, ſoutient l'ennemi de vos alliés. Mais y a - t - il de l'injuſtice en aucune conſideration? La République eſt en paix avec la France : Et ſi le commerce avec la France permis par les Traités ceſſoit, ne ſembleroit - il pas, que la République eſt en guerre avec la France, & qu'elle avoit défendu le commerce & la Navigation?

4) On dit encore, que quelques places Maritimes de France étant bloquées de vaiſſeaux de guerre Anglois, & par conſequent ne doivent être fournis de vivres ni de materiaux pour les vaiſſeaux. J'en conviens, oui, pourvû que ces places ſoient effectivement bloquées ou enfermées. Dans la guerre précedente, les Anglois prétendoient, pour juſtifier leurs dépredations, de tenir bloqué des mers entieres (10). Mais qui le croira? On ne bouche pas les mers, ni les ports de mer, par des paroles.

5) Pour excuſer le pillage & l'enlevement des vaiſſeaux libres par leurs Ca

**** * 3        pres,

_______________

(10) Reſ. de L. H. P. du 10. de Mars 1746.

près, on dit de plus : que ce n'étoient pas les ordres du Roi. Je le crois bien; mais j'aimerois beaucoup mieux, que cela fut défendu & puni ferieufement. J'ai rémarqué plus haut, que la Declaration de guerre & l'acte du Parlement ont déja condamné des Effects qui font declarés permis & libres dans les Traités, feulement pour encourager les mariniers.

6) On veut de plus, que la République ne trouve pas étrange, que les Anglois empêchent que le commerce avec la France, foit fait par ceux qui font neutres quoique cela foit ftipulé dans le Traité ou la Convention avec la Grande Bretagne de 1689. Il faut que nos Compatriotes avouent cette verité en rougiffant. Le Roi de Grande Bretagne avoit alors tant de pouvoir dans la République, car il étoit revetu de la Dignité de Stadhouder, qu'il engagea les États à entrer en une telle convention, qui déplaifoit à plufieurs. Les Etats n'y feroient jamais entrés. Ils avoient dit dans la Déclaration de guerre contre la France, au Commencement de cette même année, qu'ils prennoient pour Contrebande les befoins pour la guerre, &
que

que les alliés & amis qui faiſoient commerce avec la France, s'y régleroient (11);
mais le Roi Guillaume les fit changer de Reſolution.   Ce qui ſe fait par
Abus, ne peut jamais devenir un argument contre ce qui eſt juſte ſuivant
le Droit des gens : auſſi les Etats ont-
ils desapprouvé la Convention, en dé-
domageant les Suedois & les Danois des
pertes qu'ils leur avoient cauſé, ſuivant
ce Traité.

7) Les nouvelliſtes Anglois, ferti-
les en inventions pour donner quelque apparence de juſtice aux deprédations de leurs Compatriotes, ont mis
au monde un article ſecret, ainſi dit, du
Traité 1674., qui défendoit tout transport *de vivres* dans les places ennemies,
contre le contenu tout clair du Traité
même.   Mais je defie, qui que ce ſoit,
de prouver l'exiſtence & la verité de
cet article.   Ce n'eſt qu'une Chimere,
un *Nonſenſe* anglois.   Auſſi ne ſeduira-
t-il perſonne, qui comprendra, combien il ſeroit abſurde, de publier un
Traité de Marine, afin que les Marchands & les mariniers s'y reglaſſent,

*** ** 4                          pen-

(11) Le Mercure Hollandois de l'an 1689. p. 114.

pendant que ce Traité est contredit par un de ses articles secrets qu'on ne publie jamais. Et, qui a jamais rien entendu d'articles secrets dans des Traités de Commerce & de marine?

8) Enfin on a dit aussi, que les depredations des Anglois étoient à imputer au retardement des Etats à donner le secours demandé par le Ministre Anglois l'année 1756., & à la declaration de Leurs H. P. de garder une exacte neutralité dans cette guerre. Mais ceux qui raisonnent ainsi, ont oublié peut-être ce qui s'est passé dans la guerre précedente. Alors l'Etat secondoit la Grande Bretagne de vaisseaux & de Trouppes. On étoit entré alors entierement dans les mesures de la Cour d'Angleterre. Mais malgré tout cela l'enlevement, les prises des vaisseaux Hollandois, étoit si excessif, que les habitans de la République n'ont pas à beaucoup-près, souffert sur mer autant des François leurs ennemis, que des Anglois leurs amis. Auroit-on bien pu s'attendre, qu'ils épargneroient les vaisseaux de nos marchands, maintenant que l'Etat a refusé de leur donner le secours

deman-

demandé ? Vous réconnoitrez de tout cela Monſ. combien les vexations & les dépredations des Anglois ſont injuſtes, combien elles ſont oppoſées aux Traités les plus formels, & que les raiſons ſont frivoles, qu'on a allegués pour les excuſer. On parle d'une nouvelle Convention entre l'Angleterre & l'Etat touchant la marine : Le Miniſtère Anglois s'y empreſſe, & j'entens même qu'il a cherché par des voyes ſecretes d'animer nos marchands à demander une telle convention : Mais à quoi bon une convention, ayant les Traités les plus clairs & confirmés, auquels on tient dans la République ; ne demandant autre choſe des Anglois, ſi - non qu'ils en faſſent de même ? Une nouvelle Convention n'eſt demandée, que pour reduire la Navigation des Hollandois à une ſituation moins avantageuſe, qu'elle ne doit être en vertu des Traités. Nos voiſins jaloux ne perdent jamais de vue leur ancien deſſein favori, de detruire le Commerce & la navigation des Hollandois : & ſans doute celà ſeroit l'Effet d'une nouvelle Convention. Mais poſé, que les Anglois continuent leurs pillages & vexations, n'y a-t-il pas moyen de réprimer

mer leur injuste violence ? Si les plaintes, si les Rémonstrations du Ministre des Etats à la Cour d'Angleterre n'ont aucun effèt, comme il semble, il ne reste, à mon avis, que de suivre l'exemple des Suedois & des Danois: de convoyer plus fortement, de se joindre à d'autres nations commerçantes, & de maintenir ainsi conformement aux Traités la navigation libre, l'ame & le nerf de cette République (comme une chose qui interesse touttes les Nations Commerçantes en commun ) contre tous ceux qui osent l'empêcher d'une manière non permise. Si cela demande des fraix; il faut que nos marchands tirent la bourse, pour les soutenir. Si un impot fut mis sur leurs vaisseaux, si le commerce fut borné, ils s'en sentiroient bien aussi, & peut-être perdroient, ils des branches du negoce dont ils se trouvent bien encore. Si l'enlevement & les prises de leurs vaisseaux par les Anglois continuent, ils perdroient encore des millions, comme dans la guerre précedente. Ne vaut-il donc pas beaucoup mieux, qu'ils tachent de mettre la République en état de pouvoir équipper & de défendre leur navigation & commerce plus puissemment

qu'il

qu'il n'a été fait jusqu'apresent ? Ne
vaut-il pas mieux de faire dépense pour
maintenir son Bien, que de perdre son
Droit-& peut-être une bonne partie de
sa Navigation & de son Commerce, en
retenant son argent?

Cet equippemment n'aboutira pas à
engager la République dans la guerre.
Elle n'a point dessein d'offenser ou d'at-
taquer personne. Elle ne cherche que
la navigation libre : Bien loin de vouloir la guerre, elle a réjetté touttes les
propositions & les Conseils qui auroient
pu l'embroiller dans une nouvelle guerre. Le Ministère Anglois au contraire
tache de faire résoudre l'Etat à une augmentation de forces par terre, & à le
sécourir des vaisseaux & de trouppes.
Mais comme les Traités n'engagent point
maintenant l'Etat à sécourir, quelle autre raison pourroit-il donc alleguer, si ce
n'est l'envie de faire la guerre ? Outre
cela, ce secours de vaisseaux de la République, la mettroit encore plus hors d'état
d'assurer sa navigation. On crie que la
Réligion protestante étoit en danger, &
ce bruit court aussi en Allemagne; Mais
tout cela n'est que pour porter le peuple
igno-

ignorant à regarder cette guerre, qui ne se fait que pour des Interets temporels, comme une guerre de Réligion. Je me persuade, que les Régens de notre commune patrie ne se laisseront pas troubler par ce vain caquet, & qu'ils garantiront encore long-tems, à l'aide de Dieu, la République des perils de la guerre.

# *F I N*

## DE LA TROISIEME SUITE

# DU POINT D'APPUI

### DE LA

# HOLLANDE.